Allô, Paris ? Ici Moscou

Nicolas Quénel

Allô, Paris ? Ici Moscou

Plongée au cœur de la guerre de l'information

DENOËL

« Quand l'information est une arme, tout le monde est en guerre. »

Peter POMERANTSEV

AVANT-PROPOS

C'est un conflit qui a fait en France des millions de victimes sans qu'aucune balle n'ait été tirée. Cette guerre, celle de l'information, que la Russie mène aux démocraties libérales occidentales, est tombée dans l'oubli à la fin de la guerre froide et pour un quart de siècle. Elle n'a pourtant jamais cessé. Il faudra attendre l'ingérence russe dans la campagne présidentielle américaine de 2016 pour que le sujet soit de nouveau évoqué.

Depuis l'invasion de l'Ukraine par la Russie le 24 février 2022, cette guerre de l'ombre bat son plein. Il ne se passe pas une journée sans qu'il en soit fait mention sur les chaînes de télévision, les ondes des radios ou dans la presse. Malgré tout, ce conflit reste aussi mystérieux pour le grand public que ses enjeux sont grands : dans le viseur de l'adversaire, ce sont les fondements mêmes de notre État de droit et de nos démocraties qui sont visés.

Travailler sur ce sujet n'a rien d'aisé. Contrairement à ce qu'il se passe sur un champ de bataille classique, impossible ici de faire l'inventaire précis des forces en présence. Nous ne connaissons pas avec exactitude les sommes investies par les États dans cette guerre non conventionnelle, le nombre de soldats missionnés, et il est encore plus difficile de quantifier l'impact des opérations de désinformation.

L'objectif d'*Allô, Paris ? Ici Moscou* est d'apporter de la clarté sur ce conflit qui se mène à bas bruit. Il s'agit de porter à la connaissance de tous les stratégies déployées par le Kremlin et ses affidés pour manipuler l'opinion publique grâce à une propagande tous azimuts, le recrutement d'agents d'influence, la création de constellations de faux sites web, la manipulation des réseaux sociaux ou la mise à profit d'idiots utiles.

Loin de se contenter de décortiquer le fonctionnement de ces opérations d'influence, cette enquête remonte aussi la piste de ceux qui les conçoivent, les mènent, et qui désirent plus que tout rester anonymes. Enfin, le lecteur pourra entrer dans les coulisses de la réponse de Paris à Moscou dans cette guerre de l'information où tous les coups sont permis. Une plongée inédite dans les arcanes de la machine d'État où les fonctionnaires s'affairent à organiser les défenses et à contre-attaquer quand les intérêts français sont pris pour cible. Avec plus ou moins de succès.

Dans son livre *This Is Not Propaganda*, le journaliste Peter Pomerantsev postule que « quand l'information devient une arme, nous sommes tous en guerre ». *Allô, Paris ? Ici Moscou* a vocation, dans cette lignée, à offrir au lecteur les moyens de se défendre.

I

La France sous le feu des opérations d'influence russes

1

« Bonjour, c'est Ivan Karamazov à l'appareil »

L'hiver a de l'avance en cette matinée du 11 novembre 2021 à Paris. Jour férié oblige, la ligne 9 du métro est déserte. À la station Charonne, dans le 11e arrondissement, les quelques passagers (dont je suis) qui sortent de la rame ont déjà les dents qui claquent à cause des rafales de vent glacial qui balaient les couloirs du métro. Heureusement, il n'y a que quelques centaines de mètres à parcourir pour rejoindre ma destination : la rédaction du journal *Politis*.

Rien n'indique que c'est dans ce petit immeuble un peu délabré que l'hebdomadaire a pris ses quartiers. Devant le portail, un jeune homme à la silhouette élancée et à la barbe fournie fait le pied de grue. Maxime Sirvins est journaliste en alternance à l'hebdomadaire. Ce trentenaire a visiblement déjà adopté le régime alimentaire du reporter vétéran composé de café filtre imbuvable et de cigarettes à rouler.

« On va se faire un café avant de s'y mettre ? » lâche-t-il avec un sourire communicatif qui cache mal la petite angoisse qui le taraude dans l'attente de ce rendez-vous.

Il faut dire qu'il n'est pas le seul à être un peu stressé. Depuis quelques semaines, je ne peux pas m'empêcher de m'inquiéter pour lui en me disant que je le jette dans la gueule du loup. Je prépare le matériel de captation de son en gardant l'œil fixé sur l'horloge qui indique 10 h 50. Dans dix minutes, le téléphone de Maxime devrait sonner dans la rédaction déserte. Il ne reste qu'à attendre en regardant la trotteuse.

La Fondation pour combattre l'injustice

Pour comprendre comment nous en sommes arrivés là, il faut revenir deux mois en arrière. À la mi-septembre, le journal *Le Monde* a révélé l'existence d'une officine d'influence russe nommée Fondation pour combattre l'injustice (« FBI » en anglais), qui prétend s'intéresser aux violences policières en France et chercher à financer des associations d'aide aux victimes. Loin d'être un mécène ordinaire, cette fausse ONG est contrôlée par un personnage alors surtout connu de tous ceux qui s'intéressent à la désinformation et aux opérations d'influence russes : l'oligarque d'extrême droite Evgueni Prigojine, décédé « accidentellement » le 23 août 2023.

Ce petit sexagénaire chauve et ventripotent, à l'époque proche de Vladimir Poutine, est resté pendant des années un homme de l'ombre. Originaire de Saint-Pétersbourg, il a fait fortune dans la restauration collective en Russie, et accompli les basses œuvres du Kremlin qui, de son côté, a reconduit les contrats publics qui lui ont assuré sa fortune.

Il a fallu attendre l'invasion de l'Ukraine par la Russie, le 24 février 2022, pour qu'il acquière une certaine notoriété internationale en tant que chef de la tristement célèbre firme de mercenaires Wagner dont les membres se sont rendus coupables de nombreux crimes de guerre partout où ils sont passés.

Outre ses activités à la tête de Wagner, l'oligarque était aussi un mercenaire d'influence à l'origine de nombreuses opérations de désinformation. La plus célèbre d'entre elles reste la tentative d'ingérence dans l'élection présidentielle américaine de 2016 par le biais de l'Internet Research Agency (IRA), la fameuse « ferme à trolls » de Saint-Pétersbourg, qui a inondé les réseaux sociaux de messages et fausses informations favorables à Trump ou calomniant Hillary Clinton.

Tentative d'ingérence russe dans la présidentielle de 2022

La Fondation pour combattre l'injustice, cette fausse ONG qui est en réalité une vraie entreprise d'influence, a un double objectif, bien éloigné de toutes les déclarations d'intentions de ses représentants. En France, elle souffle sur les braises de la contestation sociale afin de pourrir le débat public à quelques mois de l'élection présidentielle de 2022. Pour accentuer les divisions au sein de la société française, la FBI prend appui sur le sujet particulièrement sensible des violences policières. Une stratégie du chaos aussi vieille que l'Union soviétique, et qui a fait largement ses preuves au fil des décennies. D'autre part, elle s'adresse aussi aux Russes en diffusant l'idée que, en Occident, la police torture et tue en toute impunité, avec une justice et un pouvoir politique complices. Un narratif au service du pouvoir russe, toujours désireux de présenter l'Occident comme une terre d'hypocrites qui brandissent les droits de l'homme en étendard, sans les respecter vraiment.

À ce jour, l'action de la Fondation pour combattre l'injustice est la première, mais pas la dernière, tentative d'ingérence russe dans le scrutin d'avril 2022.

Alors, pour essayer d'en savoir plus sur cette organisation, rendez-vous est pris avec Maxime Sirvins dans un troquet parisien, quelques semaines après la publication de l'article du *Monde*. C'est le candidat idéal pour essayer d'infiltrer la FBI : en plus de son activité au sein du journal *Politis*, il tient un blog sur les problématiques liées au maintien de l'ordre à la française. Il répertorie consciencieusement tout le matériel utilisé par les forces de l'ordre, une bible pour qui s'intéresse à ce sujet. Après avoir bu quelques pintes, nous nous quittons sur un accord de principe pour tenter d'infiltrer l'organisation de Prigojine.

Quelques jours plus tard, je reçois un message de Maxime : « Ils viennent d'entrer en contact avec moi sur Twitter et on a fixé un rendez-vous le 11 novembre à 11 heures. » Roulez jeunesse.

Le jour dit, à la rédaction de *Politis*, l'horloge indique 11 heures passées de quelques minutes quand le téléphone de Maxime sonne. Sur l'écran, l'indicatif téléphonique signale un appel venant des États-Unis. Une voix au charmant accent venant plus de l'Est que de l'Ouest se présente : « Bonjour, c'est Ivan Karamazov à l'appareil. »

Maxime et moi échangeons un regard amusé. On ne pensait pas avoir la chance d'échanger avec le célèbre personnage de Dostoïevski.

D'emblée, Ivan assure être « vraiment très intéressé » par le site de Maxime. Il aimerait savoir s'il compte y aborder des cas comme celui de Rémi Fraisse, jeune militant écologiste qui a trouvé la mort à cause d'un tir de grenade des forces de l'ordre lors d'une manifestation à Sivens, en 2014. Au fil de la conversation, il énumère plusieurs cas de violences policières médiatisés, et montre une fine connaissance de ces événements qui ont marqué l'actualité nationale. Il a également travaillé ses fiches sur l'écosystème associatif. Il connaît les acteurs qui dénoncent régulièrement les cas de violences policières et espère profiter du réseau de Maxime. Très ouvert sur le sujet, il explique vouloir se recommander du journaliste pour approcher directement ONG, victimes et familles de victimes, pour leur proposer « une aide informationnelle, juridique ou financière ».

Car c'est bien là tout l'intérêt selon lui de sa fondation : « défendre les droits de l'homme dans le monde entier ». Malheureusement, ces bonnes intentions n'ont pas rencontré beaucoup d'échos favorables en France. « Nous avons essayé d'entrer en contact avec des familles de victimes, des avocats et des associations, mais personne n'est revenu vers nous », déplore-t-il. Pour lui, c'est parce que « les origines russes » de la prétendue ONG inquiètent. Rien à faire, les rares interlocuteurs avec lesquels il prend contact pensent « que l'on fait de la propagande ou que l'on a des intérêts cachés ».

Le très médiatique avocat Arié Alimi fait partie de ces mauvais esprits : il n'a pas répondu aux sollicitations de la FBI. « Quand c'est Ivan Karamazov qui vous appelle, la ficelle est un peu grosse et je n'ai pas donné suite[1] », explique-t-il en précisant que l'organisation a quand même essayé plusieurs fois de le joindre.

Ceux qui ont mordu à l'hameçon

Les efforts du représentant de la fondation ont cependant parfois été couronnés de succès. Il affirme avoir été contacté par Me Édouard Martial, qui souhaitait « faire une campagne informationnelle en Russie » dans une affaire de double parricide au Pays basque. L'avocat au barreau d'Agen, proche de l'actuel ministre de la Justice Éric Dupond-Moretti, a bien accordé un entretien à l'organisation russe, largement diffusé sur ses réseaux. Il conteste toutefois avoir été à l'initiative de la rencontre. « Ce sont eux qui sont venus vers moi à la fin de l'été 2021. Je ne les connaissais pas du tout et ils se sont présentés comme une ONG de défense des droits de l'homme », assure l'avocat, qui soupçonne avoir été ferré car il avait pour habitude d'aller travailler ses dossiers dans un bureau de l'église russe de Biarritz.

S'il n'a pas parlé d'Ivan Karamazov, il se souvient bien de la personne qui l'a approché. « Une jeune femme blonde », en réalité la directrice de la fondation, affirmant se nommer

1. Entretien avec l'auteur, mars 2022.

Mira Terada. De son vrai nom Oksana Vovk, cette citoyenne russe a passé deux ans et demi dans une prison américaine. Elle avait plaidé coupable dans une affaire de blanchiment « pour éviter une condamnation pour trafic de drogue », comme le souligne *Le Monde*[1]. Sa peine purgée, elle a été reconduite en Russie.

Bien que la fondation n'ait offert aucun support à Édouard Martial dans le cas du double parricide, elle n'hésite pas à revendiquer à son compte, un an plus tard, la libération de la cliente de l'avocat qu'elle attribue à sa supposée « campagne informationnelle ». C'est, évidemment, absurde.

Autre succès pour la fausse ONG, l'interview de Françoise Nicolas, ex-fonctionnaire du ministère des Affaires étrangères, qui affirme avoir été victime d'une tentative d'assassinat après avoir « découvert un scandale de corruption impliquant la France en Afrique[2] ». Une « affaire » qui, selon elle, aurait été étouffée par Nathalie Loiseau, à l'époque directrice des ressources humaines du Quai d'Orsay. Aujourd'hui eurodéputée et ancienne ministre d'Emmanuel Macron, Nathalie Loiseau est très investie dans les questions de lutte contre la désinformation et les opérations d'influence étrangère. Une cible de choix pour l'organisation russe. Contactée, Françoise Nicolas assure qu'elle savait à qui elle parlait et avait conscience que « ce sont des gens sulfureux ». Ce qui ne l'a pas empêchée d'accepter une interview, car elle n'est « pas en position de faire la fine bouche »

1. Benoît Vitkine, « Une officine d'influence russe s'intéresse aux violences policières en France », *Le Monde*, 14 septembre 2021.

2. Entretien avec l'auteur, mars 2022.

pour essayer de médiatiser son histoire. Du caviar pour la galaxie Prigojine.

La première fois où l'organisation est sortie de ses prétendues missions, c'est quand elle a interviewé l'auteur conspirationniste Thierry Meyssan. L'homme, à l'origine d'un livre complotiste sur les attentats du 11-Septembre aux États-Unis, est interrogé sur ce qui n'était encore qu'une montée des tensions entre l'Ukraine et la Russie. Dans cette interview, il développe un discours conspirationniste dans lequel il n'a pas peur d'affirmer que « jamais la Russie n'a eu l'intention d'envahir l'Ukraine[1] ». Cet entretien n'est pas vraiment une surprise pour le spécialiste du complotisme Rudy Reichstadt, qui rappelle que le « premier lien objectif et répertoriable entre l'auteur et la Russie est un partenariat avec la chaîne d'État russe Russia Today pour un événement qui s'appelait Axis for Peace (Axe pour la Paix), qui s'est tenu en novembre 2005 à Bruxelles[2] ».

C'est aussi une interview que propose Ivan Karamazov à Maxime Sirvins « pour commencer ». S'il l'accepte, il pourra peut-être bénéficier de financements pour son blog.

« Un entretien pourrait intéresser le public russe, car vous savez, en Russie aussi, tout n'est pas stable, lâche Ivan Karamazov avec un petit rire qui lui aurait valu de faire un tour devant le Politburo dans un autre temps.

— Je vais devoir y réfléchir », répond le journaliste, qui ne donnera jamais suite car l'infiltration ne doit pas tomber dans la compromission.

1. Entretien diffusé sur le site de la FBI, https://fondfbr.ru/fr/temoignage-de-la-repression/thierry-meyssan-ukraine-fr/

2. Entretien avec l'auteur, mars 2022.

À peine le téléphone raccroché, un éclat de rire perce le silence de la rédaction. Il faut dire que l'approche grossière de la FBI ne donne pas du tout envie de les rappeler, même si l'on ignore qui est Evgueni Prigojine.

Les tentatives de « tamponnage[1] » de la fondation, malgré leur amateurisme, ont quand même attiré l'attention des services de renseignement français. À l'été 2021, une note est remontée sur les activités de cette officine de Prigojine. Mais face à de tels pieds nickelés, autant ne rien faire. Il est plus intéressant de les laisser s'agiter et dépenser leurs moyens financiers et humains à maintenir une opération qui n'arrive à aucun résultat.

Interrogée par e-mail sur la nature de ses activités et ses liens avec Evgueni Prigojine, la FBI assure : « Nous n'avons pas interféré dans une quelconque élection et nous ne le ferons jamais. » Elle n'a pas tort. Mais cela semble être plus une question de compétences que de volonté.

En matière de violences policières, la FBI assure que « c'est dans les pays occidentaux, notamment aux États-Unis, que les droits de l'homme et les libertés sont le plus souvent violés ». En Russie, depuis le début de la guerre, des milliers d'opposants à Vladimir Poutine ont été arrêtés pour avoir manifesté leur opposition à l'invasion de l'Ukraine et 600 000 à 700 000 personnes ont fui le pays par peur de l'enrôlement forcé et de la répression. Interrogé sur la contradiction évidente entre la défense des droits de

1. « Tamponner » : aborder une personne dans le but de la recruter ou de lui soutirer des informations.

l'homme et le soutien financier du patron d'une firme de mercenaires coupable d'innombrables crimes de guerre, notre interlocuteur de la Fondation pour combattre l'injustice a répondu qu'Evgueni Prigojine était « un homme d'affaires tout à fait respectable ». Son image aurait été déformée par la « propagande occidentale » alors qu'il est en réalité un « honnête philanthrope ». De plus, « toutes les informations concernant ses liens avec des mercenaires relèvent de la fiction » et sont aussi le fruit de la « propagande américaine ».

Ce discours est contredit par Evgueni Prigojine lui-même un an plus tard. Le 26 septembre 2022, dans une publication sur les réseaux sociaux de son entreprise Concord Management and Consulting, il admet être le fondateur du groupe Wagner. Deux mois plus tard, il avoue par le même canal être à l'origine de la ferme à trolls de Saint-Pétersbourg : « Nous avons interféré [dans les élections américaines], nous interférons et nous continuerons d'interférer. Avec soin, précision, de manière chirurgicale et à notre manière, comme nous savons le faire. »

Un discours à nuancer, au regard de l'absence d'impact de la plupart de ses opérations, dont celle de la FBI. Cette fondation, pour sa part, semble moins tenir de la frappe chirurgicale que du pétard mouillé. Toutefois, depuis la tentative de coup d'État raté d'Evgueni Prigojine, le 23 juin 2023, la FBI est une des rares entreprises de l'oligarque à ne pas avoir dû interrompre ses activités. Sa dernière opération remonte à quelques semaines après le putsch au Niger. Pour alimenter le sentiment antifrançais dans le pays, elle a essayé de faire croire que la France kidnappe des enfants nigériens à des fins d'esclavage sexuel[1]. L'organisation a aussi survécu à la mort de l'oligarque, ce qui laisse penser que la FBI a trouvé un autre financier pour assurer la pérennité de ses activités.

1. *Cf.* le site de la FBI.

2

Plongée dans les archives de la guerre de l'information

La manipulation de l'information est une composante de l'histoire des conflits depuis l'Antiquité. On trouve, au fil du temps, d'innombrables exemples d'opérations de tromperie, de désinformation, de propagande.

La prise de Troie par Ulysse et les Grecs est peut-être l'exemple le plus iconique et ancien d'une opération de manipulation de l'information. Pour faire accepter le cheval aux Troyens, les Grecs vont jusqu'à brûler leur camp et faire mine de repartir en bateau. Enfin, c'est l'espion grec Sinon qui achève de convaincre les Troyens d'accepter l'offrande sous peine de s'exposer à une sanction divine.

Quelques siècles plus tard, l'assassinat de César à Rome engendre une véritable guerre de l'information[1] entre Auguste et Marc Antoine. Les deux prétendants au pouvoir rivalisent de poésie et de rhétorique pour convaincre l'audience du bien-fondé de leur démarche et, surtout, de la

1. Voir l'article d'Izabella Kaminska, « A lesson in fake news from the infowars of ancient Rome » dans le *Financial Times* du 17 janvier 2017.

veulerie de leur adversaire. Auguste, excellent propagandiste, ira jusqu'à accuser Marc Antoine d'être soumis aux intérêts de l'Égypte et de Cléopâtre pour s'emparer du pouvoir.

On peut également évoquer *L'Art de la guerre* de Sun Tzu, le rôle de la désinformation contre la monarchie à l'aube de la Révolution française, sa place dans les conquêtes napoléoniennes ou l'apport conceptuel de Carl von Clausewitz qui accorde une place primordiale à l'information dans les conflits armés[1].

Les méthodes de manipulation de l'information évoluent au fil des siècles, au rythme de l'invention et de la démocratisation de nouveaux moyens de communication. L'invention de l'imprimerie, de la radio, de la télévision et, évidemment, d'Internet, sont les jalons de l'histoire de ces opérations de duperie.

Les mesures actives

Au grand jeu de la manipulation de l'information, la Russie est devenue, en l'espace d'un siècle, un acteur incontournable. La systématisation de la désinformation comme arme remonte à 1922, avec la création d'un bureau spécial au sein de la police d'État de l'Union soviétique : la GPU. C'est d'ailleurs l'année suivante que Joseph Staline, ancien membre du journal de propagande *La Pravda*, aurait inventé le mot *desinformatsiya*, qu'il pensait être à

1. Toujours citer Clausewitz pour s'assurer que les militaires ne referment pas immédiatement le livre.

consonance française, ce qui permettait de prétendre qu'il avait une origine occidentale[1].

Mais la désinformation n'est qu'un moyen parmi d'autres de manipuler l'information à des fins stratégiques. L'ensemble de ces moyens sont regroupés sous le terme de « mesures actives » (ou opérations actives) : falsification de documents, recrutement d'agents d'influence, manipulation de médias, création d'organisations plus ou moins fantoches... Les mesures actives ont pour but de favoriser la politique ou le régime d'un pays, ou d'affaiblir son adversaire.

Le journaliste Thomas Rid, dans le livre de référence *Active Measures*[2], classe ces opérations suivant quatre générations.

La première se situe dans la période de l'entre-deux-guerres, dans un monde où la radio a profondément bouleversé le journalisme, imposant à l'information un rythme de renouvellement « impitoyable et effréné ». À l'époque, les opérations d'influence étaient « innovantes, conspiratrices, tordues » et « anonymes ». La plus connue de cette période pour l'URSS est l'opération Trust, qui ciblait les Russes blancs en exil à travers le monde et les adversaires officiels ou supposés de la révolution russe. À l'époque, la police politique avait fait croire à l'existence d'une fausse organisation anti-bolchévique dans le but d'identifier les adversaires de la révolution et, pour certains, de les faire revenir en Union soviétique afin qu'ils soient arrêtés et exécutés.

1. Général Ion Mihai Pacepa et Ronald J. Rychlak, *Disinformation: Former Spy Chief Reveals Secret Strategies for Undermining Freedom, Attacking Religion, and Promoting Terrorism*, VND Books, 2013.

2. Thomas Rid, *Active Measures: The Secret History of Disinformation and Political Warfare*, FSG, 2020. Les citations qui suivent sont extraites de ce livre.

La deuxième génération, selon Thomas Rid, débute après la Seconde Guerre mondiale. C'est un temps où la désinformation se professionnalise et est largement utilisée par les services de renseignement des grandes puissances, notamment les Américains, qui conduisent des opérations « agressives et sans scrupule » sous l'appellation pudique de « guerre politique ». Les Soviétiques préfèrent de leur côté le terme plus honnête de « désinformation ». Mais « quelle que soit l'expression, les objectifs étaient les mêmes : exacerber les tensions et les contradictions existantes au sein du corps politique de l'adversaire, en exploitant les faits, les faux » et, idéalement, un subtil mélange des deux. La mesure active la plus célèbre de cette période est directement liée à la mort du président Kennedy. Quelques semaines après son assassinat par Lee Harvey Oswald, le KGB diffuse une rumeur accusant la CIA d'être le véritable commanditaire du meurtre. Le service de renseignement russe ira jusqu'à faire publier un livre aux États-Unis pour corroborer cette rumeur, encore tenace soixante ans après les faits. À la même période, une autre opération, particulièrement réussie, mérite que l'on s'y attarde. Dans les années 1960, l'Allemagne de l'Ouest est l'une des principales cibles, avec les États-Unis et la France, des opérations d'influence soviétiques. Pour accentuer les tensions dans ce pays toujours occupé par la dénazification, les services tchécoslovaques montent l'opération Neptune[1], une action de désinformation ancrée dans le massif de Sumava, où figurent deux lacs

1. Ladislav Bittman, *The Deception Game: Czechoslovak Intelligence in Soviet Political Warfare*, Syracuse University Research Corp., 1972.

entourés de mystères et de légendes. L'un d'eux, le lac Noir, a été interdit d'accès au public pendant deux décennies. On dit qu'il aurait englouti une comtesse dans son carrosse, des soldats de Napoléon et, surtout, des soldats allemands qui cherchaient à rentrer, à la fin de la guerre. Un sujet parfait pour l'émission de télévision tchécoslovaque « La caméra curieuse », qui décide de s'y rendre pour y produire un sujet. Ce que les gens de l'équipe de tournage ignorent, c'est que s'est glissé dans leur rang l'officier de renseignement Ladislav Bittman, à l'époque chef adjoint du département des mesures actives du service de renseignement local. Son supérieur, le commandant Stejskal, et lui décident de profiter de l'occasion pour aller immerger dans le lac des caisses vieillies artificiellement, qui comprennent de vrais documents nazis provenant des archives de Moscou, ainsi que quelques faux qui visent à discréditer des hauts responsables politiques en Allemagne de l'Ouest. Après quelques péripéties – la cotation, en cyrillique, apposée à l'encre par un archiviste moscovite, a notamment été difficile à effacer –, le contenu des caisses est finalement exposé au public. Elles ont d'ailleurs été remontées des profondeurs du lac par un membre de l'équipe de tournage qui ignorait tout de la combine des officiers de renseignement. Les « révélations », largement reprises par la presse occidentale, font scandale en Allemagne. Faire le choix de monter une telle opération plutôt que de donner les documents par des canaux officiels offre un double avantage. Cela permet d'endormir les suspicions du côté des Occidentaux quant à l'authenticité des documents et, surtout, cela évite d'avoir à répondre à des questions gênantes, comme celle de la raison de leur mise au secret alors qu'ils auraient pu servir à poursuivre des criminels de guerre dès 1945.

La troisième génération de mesures actives débute à la fin des années 1970 et se termine avec l'effondrement de l'URSS. Cette période est marquée par les années où Iouri Andropov est à la tête du KGB. Sous son commandement, la désinformation joue un rôle central dans les activités du renseignement soviétique. Les mesures actives sont alors devenues mondiales, rappelle Thomas Rid. Elles sont administrées par « une vaste machine bureaucratique bien huilée, dotée de ressources abondantes ». Plusieurs des mesures actives de l'époque sont devenues célèbres, mais si l'on devait n'en retenir qu'une, ce serait l'opération Infektion, une action du KGB menée avec l'aide de la Stasi en 1983 visant à diffuser l'idée que le virus du sida est une invention américaine ayant été créée à Fort Detrick, principal laboratoire de l'United States Army Medical Research Institute of Infectious Diseases. Pour répandre cette rumeur, les Soviétiques se sont appuyés sur un journal indien, le *Patriot*, dans lequel le KGB a fait publier une interview d'un « scientifique bien connu » voulant rester anonyme, qui confirme l'origine américaine du virus. Cette fausse information sera reprise par d'autres journaux, avant d'atteindre l'opinion publique occidentale. Il faudra attendre 1992 pour que Ievgueni Primakov, alors directeur du Service de renseignement extérieur de la Fédération de Russie (SVR)[1], révèle les coulisses de cette opération.

1. Le SVR est le service de renseignement extérieur russe, équivalent de la DGSE en France.

La quatrième vague de désinformation « atteint son apogée au milieu des années 2010 », selon Thomas Rid. Cette période coïncide avec l'invention et la démocratisation d'Internet et des réseaux sociaux, devenus la pierre angulaire des mesures actives. Ce nouveau moyen de communication a entraîné l'apparition de nouvelles pratiques, de nouveaux acteurs et d'une nouvelle doctrine pour mener les opérations informationnelles dans la Russie de Poutine.

La doctrine russe

Contrairement à ce que l'on pourrait penser, ces opérations informationnelles sont particulièrement encadrées en Russie et elles ne constituent pas un secret. Elles sont développées dans des textes de doctrine qui définissent l'action de la Russie en la matière. Selon les chercheurs de l'Institut de recherche stratégique de l'École militaire (IRSEM) Maxime Audinet et Cécile Marangé, ces actions ont pour but principal (mais pas exclusif) « de protéger le pays et le régime politique[1] » d'actions extérieures. Elles s'inscrivent donc dans un cadre défensif. Pour le démontrer, les deux chercheurs s'appuient sur plusieurs textes de doctrine, dont l'un, adopté en décembre 2016, qui inscrit « les menaces informationnelles dans des rivalités de puissance » et préconise de réduire la dépendance « des industries numériques russes à l'égard des technologies étrangères ». Le texte accuse également

1. Céline Marangé et Maud Quessard (dir.), *Les Guerres de l'information à l'ère numérique*, PUF, 2020.

les « médias étrangers » de publier « des contenus biaisés sur la politique de l'État russe » et de chercher à influencer la population, « notamment la jeunesse, afin d'éroder les valeurs morales et spirituelles traditionnelles ». Maxime Audinet et Cécile Marangé notent à juste titre que ce texte « reproduit aussi certains poncifs soviétiques » en pointant le danger que représenteraient les « services de renseignement étrangers, les groupes religieux ou les organisations de défense des droits de l'homme ». Difficile de ne pas y voir le fantôme d'Andropov, qui demandait en 1967 à la cinquième direction (sécurité des communications et déchiffrement) du KGB de détecter « les phénomènes malsains dans certaines couches de la population pouvant être exploités par l'adversaire à des fins de sape ». On aurait presque envie de citer le chimiste français Antoine Lavoisier et sa célèbre maxime : « Rien ne se perd, rien ne se crée : tout se transforme. »

Un dernier texte de doctrine, paru le 31 mars 2023, vient appuyer la vision défensive de la Russie face à l'action informationnelle. Ce document, publié sur le site du ministère des Affaires étrangères russe, entend renforcer « le développement d'un espace informatique sûr » afin de protéger « la société russe contre l'influence informationnelle et psycho logique étrangère destructive ». Dans ce texte doctrinal, la Russie, alors qu'elle est à l'origine d'une agression militaire impérialiste en Ukraine, entretient une posture victimaire en se définissant comme une citadelle assiégée face à des puissances venues de l'étranger. Qu'importent les faits, Moscou entend « s'opposer à la falsification de l'histoire, à l'incitation à la haine envers la Russie, à la propagation de l'idéologie du néonazisme, de l'exclusivisme racial et national, du nationalisme agressif et de renforcer les fondements moraux, juridiques et institutionnels des relations internationales modernes». Presque des humanistes.

Pour parvenir à ses fins, la Russie entend accorder une priorité à la diffusion d'une information «fiable à l'étranger sur la place et le rôle de la Russie dans l'histoire mondiale et la formation d'un ordre mondial équitable, surtout sur le rôle décisif de l'Union soviétique dans la défaite de l'Allemagne nazie et dans la création de l'ONU, sur son assistance considérable à la décolonisation et à l'édification des nations des peuples d'Afrique, d'Asie et d'Amérique latine». Elle ne précise cependant pas si elle compte aborder le sujet de la collaboration de l'Union soviétique avec l'Allemagne nazie ou assumer son propre passé colonial.

Du point de vue offensif, les nouvelles opérations informationnelles n'ont évidemment plus pour but d'exporter le modèle politique et idéologique de l'URSS en son temps. Elles s'attaquent aujourd'hui frontalement aux démocraties libérales dans le but de les miner dans leurs fondements, ou d'attirer la sympathie envers le régime de Vladimir Poutine. Ces opérations offensives s'inscrivent alors dans la continuité de la vision défensive qu'a la Russie de l'utilisation de l'action informationnelle.

Malgré la chute drastique du budget consacré aux mesures actives à la fin de la guerre froide, ces opérations n'ont, finalement, jamais disparu. Si elle dispose, dans l'absolu, de moins de moyens financiers et humains, la Russie compense cette perte grâce au potentiel de viralité qu'offrent de nos jours les réseaux sociaux et Internet au sens large. Il n'a jamais été aussi facile de disséminer de la désinformation et les mesures actives n'ont jamais été si peu coûteuses à produire. Comme nous le verrons dans les prochains chapitres, elles ne nécessitent plus nécessairement le concours d'officiers de renseignement talentueux comme Bittman ou Andropov, mais peuvent être menées par des individus aux profils extrêmement variés, pas toujours membres des services de renseignement. Le développement d'une réelle industrie de la désinformation et l'émergence d'une nouvelle caste de mercenaires d'influence rendent d'ailleurs encore plus difficile l'identification des responsables de ces opérations.

Pour emprunter une dernière fois à Thomas Rid, les mesures actives sont « plus actives et moins mesurées » que jamais. Aujourd'hui comme hier, la France est l'une des cibles principales de la Russie en matière de conduite d'opérations d'influence. Il est évidemment impossible de poser un chiffre sur ces opérations d'influence, par essence secrètes, menées par la Russie contre la France. La stratégie russe est d'ailleurs protéiforme. Certaines opérations se reposent entièrement sur l'outil numérique quand d'autres restent parfaitement hors ligne et dépendent d'agents d'influence ou d'« idiots utiles ». Entre ces deux extrêmes, tous les cas de figure sont possibles. Ceux qui tirent les ficelles appartiennent parfois à des organisations étatiques ou para-étatiques, parfois au privé. Il faut se garder d'imaginer la main du Kremlin derrière chaque opération : Vladimir Poutine est loin d'être le seul à avoir un agenda et des intérêts en Russie. Traquer ceux qui se cachent derrière des opérations d'influence, c'est souvent traquer des ombres qui disparaissent dès que la lumière s'en approche.

3

La France en première ligne

Dans la guerre informationnelle livrée par l'URSS, puis par la Russie, aux démocraties, la France a toujours été une cible de choix. Il y a à cela plusieurs explications historiques, de la forte influence du Parti communiste français pendant des décennies au traditionnel antiaméricanisme au sein des élites. Citons également le particularisme de la presse française, qui se revendique « presse de combat » et où une large place est laissée aux textes d'opinion. Une tradition à rebours du modèle anglo-saxon qui entend mettre les faits au centre de tout article. Enfin, le gaullisme, qui visait à positionner la France comme une puissance à mi-chemin entre l'URSS et les États-Unis, a aussi été interprété par les Soviétiques comme un encouragement à la manipulation. Le diagnostic était sans appel pour l'URSS : la France était identifiée comme le maillon faible de l'OTAN et c'est là qu'il fallait frapper.

Les archives Mitrokhine

La déclassification de différentes archives et les informations rapportées par les transfuges passés à l'Ouest pendant ou après la guerre froide permettent de mesurer l'ampleur des opérations actives menées sur le territoire national à cette période. Vassili Mitrokhine est certainement le plus célèbre de ces transfuges. Archiviste du KGB en poste à Berlin-Est, puis à Moscou à partir de 1972, il est chargé de superviser le classement des documents confidentiels de la police secrète. Déçu par le modèle soviétique, il risque sa vie pendant douze ans en copiant les notes qui arrivent sur son bureau et en les faisant sortir cachées dans ses chaussettes. Une fois chez lui, il les dissimule sous son matelas avant de les enterrer dans le jardin de sa datcha. L'aventure dure jusqu'en 1984, année où il prend sa retraite. Il faut attendre 1992 et l'effondrement de l'URSS pour qu'il parvienne enfin à faire sortir de Russie ce trésor accumulé au fil des ans. Arrivé à Riga, il contacte la CIA qui ne lui prête pas attention, et finit par offrir ses précieux renseignements aux services britanniques, ravis de mettre la main sur autant de documents. Il échange alors six valises bourrées de ces papiers contre la prise en charge de sa famille et de lui-même. Réfugié au Royaume-Uni, il travaille alors avec l'historien de Cambridge Christopher Andrew à la publication de deux livres : *Le KGB contre l'Ouest, les archives Mitrokhine*[1] et *Le KGB à l'assaut du tiers-monde*[2].

1. Fayard, 2000.
2. Fayard, 2008.

Ces archives fourmillent d'anecdotes sur les mesures actives menées par la « Résidence de Paris », surnom du bureau du KGB dans la capitale française à l'époque. Création de faux documents, opérations de désinformation, manipulation des médias, recrutement d'agents d'influence… Tout y est. Dans le rapport annuel de 1961 à destination de Moscou, la Résidence se vante d'avoir « inspiré 230 articles de presse, 11 livres et brochures, 32 questions et déclarations parlementaires, 9 réunions publiques et la distribution à 14 000 exemplaires de 10 affiches et tracts[1] ». Les opérations actives étaient si nombreuses et l'appareil d'État si poreux au recrutement soviétique que les Américains et les Anglais préféraient même éviter de coopérer avec les Français à cette période. Mieux, il existe aujourd'hui un débat entre chercheurs et spécialistes du sujet sur le rôle joué par les mesures actives soviétiques dans la décision prise par Charles de Gaulle de quitter l'organisation militaire intégrée de l'Alliance en 1966. L'objectif de ces actions informationnelles est triple : dégrader les relations franco-américaines, œuvrer au rapprochement entre la France et l'URSS et affaiblir l'OTAN en éloignant le plus possible Paris de cette organisation.

Le cas André Ulmann

Les agents d'influence jouent un rôle important pour le KGB. Parmi ceux qui ont été recrutés par le service de

1. *Le KGB contre l'Ouest*, *op. cit.*

renseignement soviétique, on peut citer l'ancien résistant et journaliste André Ulmann, rédacteur en chef de l'hebdomadaire *La Tribune des nations* qui relayait goulûment les thèses et éléments de langage de l'URSS et comptait parmi ses abonnés plusieurs administrations, ministères et ambassades. Son statut d'agent d'influence a longtemps fait débat. Le journaliste Thierry Wolton, qui ne disposait pas des archives Mitrokhine, s'interrogeait déjà sur son possible statut d'« idiot utile » manipulé par l'URSS. Une hypothèse contredite par les propos de Pierre Daix, ami d'Ulmann, qui le qualifiait d'« intellectuel progressiste, mais sans aucune des niaiseries utopiques qui s'attachent à cette dénomination[1] ».

Les archives Mitrokhine apportent un autre éclairage sur la carrière apparemment immaculée d'Ulmann. Elles révèlent que le journaliste était en réalité secrètement affilié au PCF et avait été recruté par la Résidence de Paris dès 1946 sous le nom de code « Durant ». Il travaillait aussi sous le nom de code « Youli » pour les services de renseignement polonais qui finançaient *La Tribune des nations* à hauteur de « 200 000 francs par mois ». En vingt-quatre ans, jusqu'à sa mort en 1970, Durant a reçu « de la Résidence de Paris plus de 3,5 millions de francs ainsi qu'une décoration du KGB[2] ».

1. Thierry Wolton, *Le KGB en France*, Grasset, 1987.
2. *Le KGB contre l'Ouest, op. cit.*

L'agent Pierre-Charles Pathé

L'agent d'influence le plus célèbre de cette période, peut-être parce qu'il est le seul à avoir été arrêté et condamné par la justice française, est certainement Pierre-Charles Pathé. Cet intellectuel bourgeois, fils de l'industriel du cinéma, se fait repérer par le KGB après la publication d'un *Essai sur le phénomène soviétique* en 1959. Ce texte, particulièrement complaisant vis-à-vis de l'URSS, va jusqu'à minorer les crimes de Staline en assurant que « les cruautés staliniennes n'étaient que les douleurs de l'enfantement ». Pour l'auteur, « la victoire de la Russie soviétique est celle d'une juste vision de la marche de l'Histoire » et l'URSS serait un « laboratoire d'idées neuves pour les expériences sociales les plus avancées ». Du petit-lait pour le KGB, qui le recrute en 1961.

Particulièrement malin, Victor Mikheev, membre de la délégation soviétique à l'UNESCO et coopté par le KGB, parvient à se lier d'amitié avec Pathé. Il comprend que, plus que l'argent, c'est le besoin de reconnaissance qui importe au Français. Un péché d'orgueil que sauront habilement utiliser les différents officiers du KGB : « Ce qui les intéressait, c'était ma tournure d'esprit, ma façon d'expliquer leurs problèmes. Ils étaient fascinés par ce que je disais », tentera d'expliquer Pathé à son procès.

En 1961, Pathé crée le bulletin hebdomadaire du Centre d'information scientifique, économique et politique (CISEP), bientôt financé par la Résidence de Paris. En six ans d'existence, le CISEP aura coûté 436 000 francs à Moscou. Pour les Soviétiques, l'homme qui répondait au nom de code « Pecherin » puis de « Masson » avait tout du parfait agent d'influence. D'une main, il pouvait toucher un large public en écrivant dans de grands journaux comme *Libération* ou *France Observateur* (devenu *L'Obs*) sous le pseudonyme de Charles Morand, de l'autre, il était en contact avec une bonne partie du gratin parisien grâce à son réseau de journalistes.

L'apothéose de sa carrière d'agent d'influence advient en 1976. Il fonde alors *Synthesis*, un bulletin bimensuel tiré à seulement 500 exemplaires et accessible sur abonnement, qui est envoyé à 299 députés, 139 sénateurs, 41 journaux et 14 ambassades. Cette revue est soutenue financièrement par le KGB. Dans *Le KGB en France*, le journaliste Thierry Wolton énumère quelques exemples de ce que l'on pouvait y lire. Les Allemands de l'Ouest y sont qualifiés d'« héritiers de Hitler », quand l'Allemagne de l'Est est présentée comme un « modèle d'ordre et de stabilité ». La France est « la cible principale de la guerre économique conduite en sous-main par les États-Unis » et s'est laissé « vassaliser ». L'OTAN est « inutile et même nuisible », mieux vaudrait la « dissoudre » car « les États-Unis n'ont nullement l'intention de défendre l'Europe à cause des risques d'attaque nucléaire encourus pour leur propre territoire en représailles ».

À lire Pathé en 2023, dans le contexte de l'invasion de l'Ukraine par la Russie, on mesure à quel point la propagande russe actuelle s'inspire très largement de la propagande soviétique d'il y a cinquante ans. Fait amusant, Pathé qualifiait également les États-Unis de sinistre « démocratie policière » ayant systématiquement recours à la violence contre la minorité afro-américaine. Ivan Karamazov, es-tu là ?

La fin de carrière sera brutale pour Pierre-Charles Pathé. Il est arrêté en juillet 1979 par la DST (l'ancêtre de la DGSI) : le contre-espionnage français interrompt en direct un rendez-vous entre l'officier Igor Kouznetsov et Pathé, qui est pris la main dans le sac en train de donner une enveloppe à son camarade du KGB. En garde à vue, il ne tarde pas à reconnaître son statut d'agent d'influence, avant de rétropédaler, dix mois plus tard, lors de son procès.

Face à la Cour de sûreté de l'État, il explique avoir « été choqué, sidéré » par son arrestation. Il est condamné à cinq ans de prison. Une décision largement dénoncée par une bonne partie de la classe médiatique, qui affirme son innocence, et qui a dû se sentir un peu bête à la publication des archives Mitrokhine. Mais les médias n'étaient pas seuls à réclamer la libération de « Pecherin ». Un certain François Mitterrand, dans un article publié dans l'hebdomadaire du Parti socialiste, attaque frontalement la DST et l'accuse de condamner un innocent. Pas étonnant dans ce contexte que le même Mitterrand ait gracié Pathé dès son arrivée au pouvoir.

Outre Ulmann et Pathé, les archives Mitrokhine mentionnent aussi très directement *Le Monde*, critiqué à l'époque pour être poreux à la propagande soviétique, ou encore l'Agence France-Presse (AFP), « largement infiltrée en France et à l'étranger ».

Jean Clémentin et le « Canard enchaîné »

La dernière affaire en date de journaliste français devenu agent d'influence au profit des Soviets n'a été découverte que très récemment. C'est en février 2022, dans les colonnes de *L'Obs*, que l'on apprend que les Soviétiques avaient réussi à recruter une grande plume du *Canard enchaîné* : Jean Clémentin.

Grâce au dépouillement de 1 500 pages d'archives déclassifiées, le journaliste Vincent Jauvert a retracé le parcours de l'ancien rédacteur en chef du *Canard*. Recruté en 1957 par la StB, le service de renseignement tchécoslovaque, Jean Clémentin a remis, en l'espace de douze ans, plus de 300 notes aux Soviétiques, publié un certain nombre de fausses informations dans l'hebdomadaire satirique, et participé à trois mesures actives. Un superbe agent d'influence qui, grâce à ses services rémunérés, a pu acquérir une maison dans la banlieue chic de Meudon. Cette affaire rocambolesque jette une autre lumière sur le scandale des « micros du *Canard* » de 1973. Ironiquement, c'est bien la bourde de la DST, qui avait jugé bon de planquer des micros dans les locaux de l'hebdomadaire, qui a permis à Clémentin de s'en tirer sans perdre une plume.

*

Alors, quel bilan tirer de cette période ? Après des semaines passées le nez plongé dans diverses archives, à lire les témoignages des transfuges ou les coupures de presse de l'époque, on est frappé de voir avec quelle facilité ces opérations actives étaient menées. Ministères, services de renseignement, administrations, médias : on peine à discerner les limites du KGB en France pendant la guerre froide. Même les élections présidentielles n'étaient pas hors de portée des services de renseignement soviétiques.

L'élection la plus intéressante en la matière est celle de 1974, qui opposait Valéry Giscard d'Estaing et François Mitterrand. Dans un rapport daté de 1987, tiré des archives du département d'État américain, Ilya Dzirkvelov, ancien du KGB passé à l'Ouest, se remémore les mots de Boris Ponomarev, ancien directeur du département international du comité central du Parti communiste de l'Union soviétique, qui insistait sur la nécessité de faire « tous les efforts possibles pour que Mitterrand ne soit pas élu ». Dans cet objectif, le KGB a utilisé « deux grands journaux français » et « trois en dehors de Paris », afin de dépeindre Giscard comme « un proche compagnon d'armes de De Gaulle » et un « homme de paix ». Face à la surprise de ses collègues, qui ne comprenaient pas pourquoi soutenir un homme de droite face à un socialiste, Ponomarev répliqua que « n'importe quel politicien bourgeois [était] bien plus utile à la cause de l'URSS que n'importe quel social-démocrate ou socialiste[1] ». Ce message n'était visiblement pas parvenu à la Résidence de Paris qui, de son côté, avait diligenté, en l'espace d'une semaine seulement, 56 « mesures opérationnelles importantes » au profit de Mitterrand. Dans les archives Mitrokhine[2], la seule opération décrite en détail consiste à

1. Département d'État, *Soviet Influence Activities: A report on Active Measures and Propaganda, 1986-87*, Department of State publication 9627, 1987.
2. Voir *Le KGB contre l'Ouest*, *op. cit.*

exploiter la mort d'une parente de Giscard pour faire courir le bruit qu'elle aurait été assassinée par « des sionistes pour punir Giscard d'avoir poursuivi des financiers d'origine juive en justice lorsqu'il était ministre des Finances ». Une opération grotesque, qui ambitionnait de brouiller Giscard avec l'électorat juif de France, et qui a seulement permis de mettre en avant le vieux fond de sauce antisémite du KGB. S'il est impossible d'évaluer le poids de ces mesures actives sur l'élection présidentielle de 1974, rappelons que Giscard l'emporta avec « seulement » 50,81 % des voix.

Il faudra attendre les années Mitterrand pour que sonne la fin de la récréation pour le KGB avec, en 1983, l'expulsion de 47 membres du KGB du territoire français, grâce aux révélations de l'affaire Farewell[1].

On pourrait énumérer longtemps les exemples de ce type, mais une seule question compte vraiment : la France de 2023 est-elle plus « étanche » aux opérations d'influence que ne l'était la France de la guerre froide ? Rien n'est moins sûr.

1. Raymond Nart et Jacky Debain, *L'Affaire Farewell vue de l'intérieur*, Nouveau Monde Éditions, 2013.

4

Les faux sites du renseignement militaire russe

Au mois de mars 2020, quelques jours avant le premier confinement en France, il est difficile de trouver un autre sujet d'actualité que la pandémie. Le Covid-19 est sur toutes les chaînes de télévision, sur toutes les radios et dans tous les journaux. Pas étonnant, dans ce contexte, que le coronavirus monopolise aussi les conversations en ligne, du plus grand réseau social au plus petit forum existant.

La discussion autour du virus devient mondiale et les Français, bloqués chez eux pendant quelques mois, vont rester devant leurs écrans, lâchés en pleine jungle informationnelle. Évidemment, des charlatans en profitent pour vendre des remèdes miracle ayant pour seul effet de vider les poches des malheureux prêts à les croire. D'autres, en quête de notoriété et de gloire, se sont improvisé des compétences en virologie afin de gonfler leur audience numérique, au risque d'enchaîner les inepties avec un aplomb parfois déconcertant. Beaucoup ont sombré, de bonne foi, dans les discours conspirationnistes qu'ils ont abondamment relayés sur leurs réseaux sociaux personnels.

Tous ces acteurs (et d'autres encore) ont participé à la création d'un chaos informationnel autour de la pandémie de Covid-19. Si bien que, après avoir parlé d'« infodémie » pour désigner l'abondance ou la surabondance d'informations disponibles au public, c'est le terme de « désinfodémie » qui a fait son apparition[1]. Au mois de mars 2020, Facebook identifie 40 millions de publications problématiques ; des centaines de milliers sont supprimées. Sur Twitter, 38 % des 50 millions de tweets publiés entre le 27 février et le 12 mars sont des contenus « manipulés », selon l'entreprise Blackbird.AI, spécialisée dans l'analyse des réseaux sociaux. Enfin, selon l'Institut Reuters, qui a mené une étude dans six pays (Allemagne, Argentine, Corée du Sud, Espagne, Royaume-Uni et États-Unis), un tiers des utilisateurs des réseaux sociaux ont déclaré avoir été exposés à une information fausse ou trompeuse[2].

Certains acteurs en ont profité pour jeter de l'huile sur le feu. Il s'agit des pays hostiles à l'Occident et à la France, au rang desquels on compte évidemment la Russie. Durant cette période, de nombreuses opérations de manipulation de l'information ont été identifiées comme étant liées d'une manière ou d'une autre à la Russie. Elles ont pour objectif

1. Julie Posetti et Kalina Bontcheva, *Désinfodémie : déchiffrer la désinformation sur le COVID-19*, UNESCO, 2020.

2. Étude citée dans François Laugée, « Covid-19. L'ampleur de la "seconde maladie", la "désinfodémie" », *La Revue européenne des médias et du numérique*, n° 54, printemps-été 2020.

de miner le débat public, de faire croire à l'implosion prochaine de l'Union européenne, de diffuser l'image d'une Russie partenaire de l'Union européenne, qui vient prêter main-forte à l'Italie submergée par les cas de Covid-19. Mieux encore, des acteurs liés à l'État russe essaient de diffuser l'idée que la pandémie vient des États-Unis, dans le seul but de semer la discorde entre alliés. Une redite, quarante ans plus tard, de l'opération Infektion. De quoi inquiéter Bruxelles, qui tire la sonnette d'alarme au mois d'avril 2020 et demande aux plateformes de faire le ménage dans les contenus diffusés en ligne[1]. Mais identifier des opérations de désinformation russes qui ne proviennent pas directement des organes de propagande du Kremlin n'a rien d'une sinécure. A fortiori quand ces opérations se confondent avec l'océan de désinformation « bien de chez nous ». Pourtant, dès la mi-mars, les chercheurs de l'ONG européenne de lutte contre la désinformation, EU DisinfoLab, remarquent un article bien étrange, issu d'un site web qui l'est encore plus[2]. Intitulé « Coronavirus : Les exercices DEFENDER-Europe 20 de l'Otan menacent l'Europe », l'article est publié sur la plateforme « Observateur Continental ». À première vue, rien n'attire le soupçon sur ce site web qui se termine en « .fr » pour désigner sa prétendue origine française, et qui se présente comme un « portail d'information indépendant à but non lucratif » qui diffuse des articles « d'analystes du monde entier ». Le site est laid mais,

1. Jean-Pierre Stroobants, « Coronavirus : la pandémie, arme de désinformation massive contre l'Europe », *Le Monde*, 3 avril 2020.

2. EU DisinfoLab, « How two information portals hide their ties to the Russian News Agency InfoRos », 15 juin 2020.

jusqu'à preuve du contraire, cela n'a rien de répréhensible. En revanche, l'article en question est inquiétant : il insinue que la diffusion du Covid en France serait liée à l'arrivée de soldats américains de l'OTAN, thèse qui a le mérite de l'originalité et qui pousse les chercheurs du DisinfoLab à étendre leurs recherches, d'autant que le site, mal codé, affiche des messages d'erreur en cyrillique quand on le titille un peu trop. En tirant le fil de cette pelote, les chercheurs découvrent que l'adresse e-mail utilisée pour enregistrer le site web se termine en « .ru », extension qui désigne la Russie. Plus intéressant encore, le mail correspond à l'adresse professionnelle d'une entreprise qui se présente comme une agence de presse : InfoRos.

InfoRos, agence de désinformation

Ce nom traîne déjà un historique plutôt lourd puisque deux ans auparavant, en 2018, le *Washington Post* a établi un lien entre cette agence de presse, vieille d'une vingtaine d'années, et l'unité 54777 du GRU en charge des « opérations psychologiques »[1]. Derrière InfoRos se trouvent notamment deux hommes, Denis Valeryevich Tyurin et Aleksandr Gennadyevich Starunskiy, membres du renseignement militaire russe.

Ce service de renseignement est à l'origine de nombreuses opérations de déstabilisation dans le monde. Il est

1. Anton Troianovski et Ellen Nakashima, « How Russia's military intelligence agency became the covert muscle in Putin's duels with the West », *The Washington Post*, 28 décembre 2018.

accusé d'ingérence dans les élections américaines en 2016, de divers assassinats, dont la tentative qui visait l'ancien agent double Sergueï Skripal au Royaume-Uni en 2018. En France, en 2015, le GRU est accusé d'être derrière le hack de la chaîne TV5 Monde[1]. Courant 2016, il essaie de financer La France insoumise, en proposant 500 000 euros par le biais d'un ancien lieutenant de Mélenchon, Djordje Kuzmanovic. Interrogé à ce sujet par le journaliste indépendant Romain Mielcarek dans son livre *Les Moujiks*[2], Kuzmanovic confirme les faits, et précise avoir refusé aussi sec le financement.

Toujours est-il que la qualification de « portail d'information indépendant » qu'affiche Observateur Continental prend du plomb dans l'aile. D'autant qu'Observateur Continental est loin d'être le seul site web créé par InfoRos. Un examen plus approfondi du code informatique révèle au moins 243 autres sites, dont le « think tank et média indépendant » OneWorld, déjà identifié comme propagateur de désinformation et lié à la Russie par les services de l'Union européenne[3].

En continuant de creuser, les chercheurs du DisinfoLab trouvent une adresse physique à Moscou. Les locaux d'InfoRos seraient situés rue Krzhizhanovskogo, en plein cœur de la capitale russe. Envoyé sur place, le journaliste indépendant Paul Gogo découvre un grand immeuble de briques

1. Martin Untersinger et Damien Leloup, « Piratage de TV5 Monde : l'enquête s'oriente vers la piste russe », *Le Monde*, 9 juin 2015.

2. Denoël, 2022.

3. « One World, One Author, One Chain of Command », EUvsDisinfo.eu, décembre 2019.

rouges composé d'un bâtiment principal et de deux ailes secondaires. À l'entrée principale, une plaque désigne la « Fondation Russkiy Mir » (Le monde russe), créée par nul autre que Vladimir Poutine en 2007, et qui est un des relais d'influence du Kremlin. « Tout le bâtiment leur appartient », confie à Paul Gogo un agent d'entretien, qui explique que la fondation loue des bureaux à « diverses entreprises ». On y trouve notamment une représentation régionale du ministère de la Justice, un cabinet de juristes, un centre bouddhiste et même un dentiste. Et InfoRos ? « Oui, ils sont bien ici », affirme l'agent d'entretien. Impossible cependant de passer les contrôles de sécurité, méticuleusement gardés. Chou blanc.

L'histoire pourrait s'arrêter là, d'autant qu'Observateur Continental connaît une audience limitée, avec seulement 10 000 fans sur Facebook. Dès lors, on pourrait penser qu'il vaut mieux éviter de leur faire de la publicité. Mais, contrairement à l'adage « Ce qui se passe à Vegas reste à Vegas », ce qui est publié sur Observateur Continental ne reste pas que sur Observateur Continental.

Comment se diffuse la désinformation

Car il ne s'agit pas seulement de créer de fausses informations, encore faut-il s'assurer qu'elles circulent. Ainsi les commanditaires ont-ils eu la bonne idée d'exploiter le plus possible les « médias collaboratifs » et « alternatifs » français, dont certains conspirationnistes. Passer par ces sites présente un double avantage : les contenus sont diffusés vers une audience francophone, et l'origine des articles est masquée. En publiant les textes sur leur plateforme, ces médias « alternatifs » servent de machine à blanchir la désinformation.

Parmi ces sites dits « alternatifs », citons AgoraVox (62 000 abonnés sur Facebook à l'époque), Les moutons enragés (47 000 abonnés), Mondialisation.ca (24 000 abonnés) et Adoxa Info (11 000 abonnés). Le plus gros « partenaire » reste le site Réseau International, lui aussi lié à OneWorld, qui enregistrait 156 000 abonnés jusqu'à la fermeture de sa page Facebook en 2021, et qui a relayé plus de 180 articles d'InfoRos.

Interrogés, ces médias n'ont, pour la plupart, pas répondu aux sollicitations. Un représentant d'AgoraVox explique que son « média » est « une plateforme d'hébergement qui offre gratuitement à ses rédacteurs inscrits la possibilité de publier des articles et/ou des vidéos. Il n'y a donc pas de comité de modération[1] ». Il l'assure pourtant : « Si un article ou un commentaire contenant des éléments erronés ou des calomnies passe en ligne, nous le supprimons dans les plus brefs délais dès lors qu'il nous est signalé par mail ou via les formulaires prévus. » Les articles d'Observateur Continental ne semblent donc pas poser de souci particulier. Le fondateur d'Adoxa Info (aujourd'hui supprimé par « manque de temps »), Grégory Roose, explique[2] quant à lui avoir été contacté par un des auteurs d'Observateur Continental. Il

1. Entretien avec l'auteur, mai 2020, dans Paul Gogo, Antoine Hasday, Nicolas Quénel, « Les poupées russes de la désinformation à travers des médias "alternatifs" français », *NextInpact*, 15 juin 2020.

2. *Ibid.*

assure avoir sélectionné les articles les plus « factuels », et écarté ceux qui semblaient moins sourcés. Lorsqu'on lui suggère qu'il pourrait avoir diffusé des éléments de désinformation russe, il dit n'avoir « pas de problème » avec cela, dans la mesure où nous vivons une « guerre de l'information » et où les journalistes des « grands médias » ont eux-mêmes d'autres « allégeances ». Du petit-lait pour le GRU, qui a compris l'intérêt d'exploiter la défiance des citoyens français envers les médias traditionnels.

Les plumes

Reste à s'intéresser aux auteurs qui écrivent pour Observateur Continental. Une analyse des quelque 400 articles présents sur la plateforme à cette période fait ressortir principalement deux signatures. La première, celle d'Olivier Renault, qui se présente sur sa page LinkedIn comme « journaliste indépendant » basé en Russie. De 2012 à 2014, il a été auteur pour le média de propagande Sputnik France et son homologue allemand. Il a également travaillé avec le média de propagande NRT24, basé à Donetsk, en territoire occupé par l'armée russe en Ukraine. Pour compléter la liste des collaborations qualitatives, mentionnons qu'il a participé à plusieurs débats sur la chaîne de propagande iranienne PressTV.

L'autre plume d'Observateur Continental est un certain Mikhail Gamandiy-Egorov, lui aussi est un ancien de Sputnik France. Entre janvier 2015 et novembre 2018, il écrit plus de 200 chroniques pour le site de propagande russe, selon le décompte réalisé par le chercheur Maxime Audinet dans un rapport de l'IRSEM. La plupart de ces chroniques affichent « un parti pris souverainiste et pro-Kremlin sans équivoque », selon le chercheur qui qualifie Gamandiy-Egorov de « micro-entrepreneur d'influence ». Lui aussi intervient sur la chaîne iranienne PressTV et se décrit sur son blog comme « partisan et artisan des relations Afrique-Russie[1] ».

Après la publication le 15 juin 2020 du rapport d'EU DisinfoLab qui révèle cette opération d'influence, force est de constater que les réactions côté russe ont été plus nombreuses que côté français et européen. Observateur Continental s'est plaint d'être l'objet d'une « attaque informationnelle » (notez l'audace) et d'avoir vu sa page Facebook suspendue. Le « média » en a créé une nouvelle, encore active aujourd'hui. OneWorld a publié un communiqué dénonçant des « enquêtes biaisées » et « politiquement motivées », avant de disparaître mystérieusement, tout comme InfoRos, à l'été 2022. En France et dans l'Union européenne, en revanche, ces révélations sont restées sans conséquence. Il faudra se contenter de l'intervention de l'eurodéputé Bart Groothuis au Parlement européen qui, trois jours après la publication du rapport de l'ONG européenne, a demandé si des mesures allaient être prises contre InfoRos, et si les responsables seraient placés sur la liste des sanctions européennes. Rien n'a été fait à ce moment-là, InfoRos était libre de continuer à désinformer.

1. Maxime Audinet, « Le lion, l'ours et les hyènes », étude de l'IRSEM, n° 83, juillet 2021.

Seuls les États-Unis, presque un an plus tard, placeront InfoRos et Denis Valeryevich Tyurin sur la liste des sanctions.

En 2021, nous étions encore loin de nous douter de l'ampleur réelle d'InfoRos. Lorsque l'association française d'enquête en open source Open Facto se penche sur le dossier, elle dénombre non pas 243 sites liés à la prétendue « agence de presse », mais plus de 2000 sites répartis à travers le monde. La plupart se trouvaient en Russie et servaient à désinformer ou à diffuser les propos du Kremlin auprès de la population russe. Après la publication le 18 janvier 2022 du premier rapport d'Open Facto sur InfoRos, la plupart des sites ont disparu comme par magie.

À la date du 16 juin 2023, Observateur Continental était toujours actif et affichait plus de 2000 articles sur son site web, contre 400 deux ans auparavant. Réseau International, bien qu'ayant vu sa page Facebook à plus de 150000 abonnés être supprimée, continuait de propager de la désinformation russe sur divers canaux, notamment sur Twitter (devenu X), où son profil compte près de 30000 abonnés.

Il a fallu attendre le 28 juillet 2023, cinq ans après l'article du *Washington Post*, pour que l'Union européenne se décide enfin à désigner InfoRos comme une opération du renseignement militaire russe. En plein cœur de l'été, l'agence a été placée sur la liste des sanctions en compagnie de cinq personnes, dont Denis Valeryevich Tyurin et Aleksandr Gennadyevich Starunskiy. Mieux vaut tard que jamais…

5

La chasse aux youtubeurs est ouverte

« Le client préfère rester incognito. » Le youtubeur Léo Grasset, fondateur de la chaîne Dirty Biology, forte de plus d'un million d'abonnés, ne s'attendait pas à recevoir ce genre de message. Pourtant, dans leur monde de producteurs de contenus, lui et ses collègues sont habitués aux propositions parfois plus étranges les unes que les autres.

Fazze, agence de désinformation

Cette fois, Fazze, l'entreprise qui le contacte par mail le 19 mai 2021, lui explique qu'il ne s'agit pas de faire la promotion d'un produit ou d'un service, mais bien de délivrer un message dans le cadre d'une « campagne informationnelle » qui devrait « être intéressante pour vos abonnés ».

Fazze, qui se présente comme une agence de communication, précise que la demande est urgente… et doit rester discrète. Le tout doit être bouclé d'ici une semaine au maximum et il ne faut surtout pas mentionner qu'il s'agit là d'une opération rémunérée – ce qui revient à faire de la publicité déguisée, un délit en France et une infraction aux conditions d'utilisation de YouTube. Pour faire passer la pilule, l'entreprise précise que l'argent n'est pas un problème. « Quand on voit qu'ils ont donné 2000 euros à un influenceur pour une simple story sur Instagram, on peut se risquer à dire qu'ils étaient prêts à payer 50000 euros pour avoir ce qu'ils voulaient. Si ce n'est plus... », explique le créateur de Dirty Biology[1].

L'information qui était si urgente à faire passer au public est particulièrement vicelarde. Il s'agissait de mettre en avant un tableau qui aurait « fuité » et qui montrerait que le vaccin Pfizer était plus dangereux que le vaccin AstraZeneca, avec trois fois plus de taux de mortalité. De quoi semer encore plus de confusion en pleine campagne nationale de vaccination contre le Covid-19. Le script pour arriver à cette conclusion était déjà prêt et empruntait largement au vocabulaire complotiste. S'il l'avait accepté, Léo Grasset aurait dû faire « comme si le sujet [le] passionnait », dire « que les médias mainstream n'en parl[ai]ent pas » et « encourager les gens à tirer leurs propres conclusions[2] ».

Manque de bol, cibler Léo Grasset n'était pas une bonne idée. Il refuse le partenariat en expliquant ne pas pouvoir « travailler pour un client qui ne dit pas son nom et qui [lui] demande de cacher le partenariat ». Quelques jours plus tard, interloqué par cet épisode, il révèle publiquement le contenu de ses échanges avec Fazze sur Twitter.

1. Nicolas Quénel, « La Russie a-t-elle proposé à un Youtubeur français de dénigrer le vaccin Pfizer ? », *Marianne*, 25 mai 2021.

2. *Ibid.*

S'il ne s'attendait pas à recevoir une telle proposition de partenariat, il s'attendait encore moins à ce qui allait suivre. La machine s'emballe, le tweet explose au point d'afficher plus de 40 000 « likes » et plus de 15 000 retweets. Les médias français s'emparent de l'événement, et même le ministre des Solidarités et de la Santé de l'époque, Olivier Véran, réagit à l'affaire pour dénoncer des faits « minables », « dangereux » et « irresponsables ». Interrogé sur la provenance possible d'une telle opération, il reste prudent : « Je ne sais pas si ça vient de France ou de l'étranger[1]. »

La révélation de Léo Grasset incite d'autres producteurs de contenus approchés par Fazze à prendre la parole publiquement pour dénoncer les méthodes de l'entreprise. Mais tous les producteurs de contenus n'ont pas la même éthique. Deux youtubeurs ont quand même publié des vidéos reprenant les éléments de langage et le « tableau » fourni par Fazze. Le premier est indien, Ashkar Techy, 700 000 abonnés, et le second brésilien, Everson Zoio, 12 millions d'abonnés. Pris la main dans le pot de confiture, ils suppriment ces vidéos. Ils ne semblent toutefois pas avoir été sanctionnés par YouTube, alors même qu'ils ont manifestement enfreint les conditions d'utilisation de la plateforme. Avec ces exemples, on découvre que la campagne de Fazze n'avait pas seulement vocation à cibler la France, mais qu'elle était mondiale.

1. Maxence Gevin, « "Minable" et "dangereux" : la colère de Véran après la campagne de dénigrement contre le vaccin Pfizer », TF1, 25 mai 2021.

Mais qui se cache derrière Fazze ?

Fazze cherche à compliquer la tâche des journalistes et des membres des services de renseignement français désireux de trouver des réponses. À mesure que l'affaire devient un sujet d'intérêt public, toutes les traces d'existence de l'entreprise disparaissent du web. D'abord, l'adresse londonienne mentionnée sur son site Internet n'apparaît plus. Sur place, au 5, Percy Street, en plein Londres, on ne trouve qu'un institut de beauté. Une employée est formelle, elle n'a « jamais entendu parler de Fazze ». Pas étonnant : 177 entreprises sont référencées à cette adresse.

Parallèlement, les traces d'existence des employés de l'entreprise s'effacent rapidement. Au milieu de tous ces profils, pour la plupart bidon, se trouve quand même celui d'une Française bien réelle, habitant sur la Côte d'Azur. Mentionnée dans un article, elle a contacté l'auteur dans l'espoir qu'il supprime son nom, par peur du préjudice que cela pourrait entraîner. En vain.

Au bout du compte, c'est le site web de Fazze lui-même qui finit par tirer le rideau.

Le premier à avoir trouvé qui se cache derrière cette entreprise est l'ancien journaliste Antoine Daoust, fondateur de l'aujourd'hui défunt journal en ligne Fact & Furious. Sur un site d'emplois en Russie, il découvre rapidement que Fazze est liée à une autre entreprise, AdNow International. Surprise, elle est également enregistrée au 5, Percy Street à Londres. AdNow, contrairement à Fazze, existe bel et bien. L'entreprise est née en 2014 et a été cofondée par un citoyen russe, Stanislav Fesenko[1]. Si Fazze était une boîte fantoche, une coquille vide sans passé, ce n'est pas le cas de cette entreprise russe. Elle est même évoquée dans un rapport publié par le Centre pour l'étude de la démocratie en 2018 sur l'influence russe dans le secteur des médias dans les pays bordant la mer Noire[2]. Impossible pour autant d'arriver à joindre qui que ce soit chez AdNow – et certainement pas Stanislav Fesenko.

Le journal indépendant russe *Meduza*, qui s'est aussi penché sur le cas AdNow, a découvert que ses vrais locaux se situent à Moscou, près de la station de métro Nakhimovsky Prospekt. Un ancien employé de l'entreprise, qui préfère rester anonyme, a expliqué au journal que la connexion entre Fazze et AdNow était bien réelle. Lors de son entretien d'embauche pour AdNow en 2020, il était déjà question d'envoyer des messages à des blogueurs étrangers pour le compte de Fazze. Il décrit au journal des conditions de travail calamiteuses, avec un salaire mensuel de 25 000 roubles, l'équivalent de 340 dollars à l'époque, bien en deçà de la moyenne nationale, et des primes de résultats qui n'ont jamais été versées. Des conditions de travail qui justifient le turn-over des employés, et qui pourrait aussi expliquer que l'« opération Fazze » ait été montée n'importe comment par des gens qui n'ont pas imaginé deux secondes que proposer à un vulgarisateur scientifique de propager de la désinformation en pleine crise sanitaire avait quand même peu de chances de réussir.

1. Notre demande d'interview à Stanislav Fesenko demeure sans réponse.
2. Center for the Study of Democracy, « Russian influence in the media sectors of the Black Sea countries », 2018.

Enfin, trois journalistes de Radio Free Europe ont également révélé le lien entre AdNow et une autre entreprise, 2WTrade, spécialisée dans le marketing de la santé et les produits de beauté, et dirigée par Yulia Serebryanskaya. Cette ancienne journaliste pour les chaînes de propagande du régime de Vladimir Poutine est entrée au service de Dmitri Medvedev en 2007, dans le cadre de la campagne présidentielle russe de l'époque, avant de s'engager directement auprès du parti de Poutine pour la campagne de 2012. Elle a poursuivi une carrière dans le privé et essuyé un échec cuisant en politique, à Moscou. Le lien entre 2WTrade et AdNow, s'il ne nous renseigne pas sur la campagne de Fazze, a au moins le mérite de mettre en lumière le réseau assez particulier qui entoure l'entreprise russe.

Encore plus intéressant, un analyste du think tank australien ASPI, Albert Zhang, spécialisé dans les questions liées au cyber et à la science de la donnée, a remarqué qu'une autre entreprise, liée aux services de renseignement russes, est domiciliée à la même adresse à Londres. Il s'agit de l'entreprise Always Efficient LLP, qui opérait sur la plateforme de cryptomonnaie BTC-e, utilisée par le groupe de hackers Fancy Bear (du GRU) dans le cadre de l'ingérence dans la campagne américaine de 2016. Décidément, le 5, Percy Street est mal fréquenté. Deux personnes à la tête de Always Efficient LLP – Sandra Gina Esparon et Evaline Sophie Joubert, dont les noms apparaissent déjà dans des schémas de blanchiment d'argent[1] – étaient aussi

1. Bellingcat Investigation Team, « Smash and Grab, The UK's Money Laundering Machine », Bellingcat.com, 1er octobre 2019.

les dirigeantes d'une autre entreprise, Enchanted Business Solutions LP, avant que Stanislav Fesenko en prenne la tête. Le monde est décidément petit.

Ces éléments ne suffisent pourtant pas à attribuer formellement l'opération d'influence Fazze à un acteur étatique ou un service de renseignement. Rien à ce stade ne permet de l'affirmer, contrairement à ce qu'ont fait plusieurs médias qui n'hésitent pas à pointer très directement la responsabilité du Kremlin en se cachant derrière un pudique point d'interrogation.

Reste la question du client

Pour qui Fazze agissait-elle? Là encore, impossible de le dire. C'est bien d'ailleurs tout l'avantage de déléguer le sale travail à des mercenaires d'influence et des entreprises privées peu à cheval sur les questions éthiques. Sans apporter de réponse définitive, on ne peut s'empêcher de remarquer que le script fourni aux youtubeurs par Fazze ressemble à s'y méprendre aux éléments de langage de l'entreprise Gamaleya, qui produit le vaccin Spoutnik V.

Plus de deux mois après l'explosion du scandale initié par les tweets de Léo Grasset, Facebook publie un rapport le 21 août 2021 qui détaille les activités de Fazze sur Facebook et Instagram. La plateforme américaine annonce avoir supprimé 65 comptes sur Facebook, et 243 sur Instagram. Ces comptes, qui visaient principalement les populations indiennes et sud-américaines, publiaient des messages et des caricatures visant à saper la confiance des populations à l'égard des vaccins occidentaux.

S'il est difficile d'avoir une vision d'ensemble pour Facebook, l'opération dépendant de plusieurs plateformes, on devine sans mal que cette stratégie d'amplification avec des faux comptes n'a eu qu'un impact extrêmement limité. Il suffit pour s'en assurer de regarder la pétition que Fazze avait montée sur la plateforme change.org, et qui n'a recueilli que 550 signatures. « Nous avons supprimé les faux comptes et les vrais profils des personnes derrière la campagne, et nous avons bloqué les noms de domaines des sites associés à leur activité », détaille Facebook.

*

L'opération Fazze confirme la tendance qui se dessinait à cette période. L'utilisation des trolls et des bots pour monter des opérations ayant vocation à chambouler le débat public, comme ce fut le cas aux États-Unis en 2016, commence à passer de mode, sans pour autant disparaître. Une évolution qui s'explique par la mise à niveau des plateformes pour répondre à ce genre de menaces après le précédent de l'ingérence russe dans l'élection américaine. Aujourd'hui, les algorithmes rendent bien plus difficile la création de réseaux de faux comptes de manière massive.

Les acteurs qui mènent les opérations d'influence préfèrent donc se reposer sur des audiences préexistantes émanant d'acteurs qui, eux, existent bel et bien, comme les youtubeurs.

Pour Facebook, « un autre aspect de cette campagne qui mérite d'être souligné », c'est qu'elle se diffuse sur « plusieurs plateformes en même temps[1] ». Comme ces plateformes ne sont pas toutes détenues par la même entreprise et ne proviennent même pas des mêmes pays, il est difficile, pour une seule d'entre elles, d'avoir une vue d'ensemble des tenants et aboutissants de l'opération. D'où le fait qu'il est essentiel « que l'ensemble de la société réagisse à ces campagnes de désinformation », selon l'entreprise américaine. C'est parfois le cas, lorsque coopèrent youtubeurs, chercheurs et journalistes. Reste un seul absent dans l'équation en France : l'État. À notre connaissance, aucune suite juridique n'a été donnée par les autorités françaises après les révélations sur Fazze et AdNow.

L'entreprise l'a visiblement compris car, à l'heure où ces lignes sont écrites, AdNow a fait son grand retour. Sur LinkedIn est même apparu le profil d'une certaine « Irène Rousset », « responsable de clientèle en France » pour la société russe. Évidemment, cette Irène Rousset n'existe pas. La photo, qui montre une jeune femme d'une vingtaine d'années, a été empruntée à une banque d'images sur le moteur de recherche russe Yandex. Sur le web, la seule mention que l'on peut trouver d'une Irène Rousset renvoie à un avis de décès publié en 2021. Les voilà qui se mettent à ressusciter les morts maintenant ?

1. META, « July 2021 Coordinated Inauthentic Behavior Report », 21 août 2021.

6

« Oh les cons, ils ont recommencé ! »

Au début du mois de mai 2022, le Covid-19 a cédé la place à la guerre en Ukraine sur les écrans de télévision. Un peu plus de deux mois après le début de l'invasion militaire russe du 24 février, les téléspectateurs français ont encore en mémoire les images du massacre de Boutcha où au moins 458 personnes ont été retrouvées mortes. Sur place, on continue de recenser les nombreux cas de tortures, viols et exécutions sommaires d'hommes, de femmes et d'enfants. Avec inquiétude, les regards sont braqués sur l'usine Azovstal, dernier carré des forces ukrainiennes assiégées dans la ville de Marioupol, qui finira lui aussi par tomber à la fin du mois. À ce stade de la guerre, on commence à comprendre que les thèses sur le « rouleau compresseur russe » qui devait « prendre Kyiv en trois jours », répétées ad nauseam par des chroniqueurs télévisés, avaient du plomb dans l'aile.

Les discours favorables à la Russie se font plus rares, y compris parmi les admirateurs immodérés du Kremlin et des voyages tous frais payés par la Russie pour aller observer des référendums factices dans des zones annexées militairement au mépris du droit international. Il faut dire que les images provenant d'Ukraine à cette période ont eu pour effet de calmer les ardeurs de beaucoup, et ceux-là ont fait preuve, au moins pour un temps, d'une relative discrétion.

Bien sûr, il reste quelques observateurs prorusses pour brandir la menace de l'apocalypse nucléaire en cas de soutien trop marqué à l'Ukraine de la part des Occidentaux. Mais même là, rien à faire, l'aide à l'Ukraine s'organise, de nouveaux paquets de sanctions contre la Russie sont négociés à Bruxelles et les Occidentaux n'ont jamais paru aussi unis. En face, l'armée russe enchaîne les échecs et se gagne une nouvelle réputation. De « deuxième meilleure armée au monde », elle devient la « deuxième meilleure armée en Ukraine ». C'est dans ce contexte calamiteux pour la Russie que la propagande et la guerre de l'information bat, elle aussi, son plein. S'il est risqué d'essayer de répertorier tous les types de propagande russe de manière exhaustive, la classification réalisée par le politologue Anton Shekhovtsov semble assez pertinente.

Les quatre propagandes

Le directeur du Centre pour l'intégrité démocratique divise la propagande russe sur le conflit en quatre catégories, en fonction des destinataires.

Il y a d'abord la propagande qui vise l'audience domestique. On peut y faire rentrer les messages du type « la nation ukrainienne n'existe pas », « ce n'est pas une guerre mais une opération spéciale», «les Ukrainiens qui résistent sont des nazis ou des satanistes» ou encore «l'OTAN utilise l'Ukraine pour attaquer la Russie». On pourrait encore y faire rentrer les discours sur la prétendue décadence de l'Occident ou les réflexions antisémites sur les Juifs qui dirigent les pays occidentaux.

Vient ensuite la propagande à destination directe des Ukrainiens. On parle là des narratifs sur les «nations frères», sur l'Ukraine qui ferait partie intégrante d'une prétendue «civilisation russe» ou encore la fameuse sentence : «Les Occidentaux se battront contre la Russie jusqu'au dernier Ukrainien.» Sur ce dernier point, il est intéressant de noter que cet élément de propagande a fait son chemin jusqu'en France, et est même devenu le titre du livre de Régis Le Sommier, ancien directeur adjoint de *Paris Match*, passé par la branche française du média de propagande russe RT et aujourd'hui directeur d'un média régulièrement qualifié de prorusse, dont le fondateur sera interrogé par la commission d'enquête parlementaire sur l'ingérence étrangère en compagnie du même Régis Le Sommier.

Troisième catégorie, la propagande russe à destination des pays du «Sud». La Russie cherche ici à convaincre qu'elle est le fer de lance de la lutte contre l'impérialisme et la colonisation occidentale, que l'Occident instrumentalise le conflit en Ukraine pour retrouver son statut de puissance dominante, ou que l'Ukraine fait partie de la sphère d'influence de la Russie. S'ajoute à cela l'idée que les Occidentaux et les Ukrainiens compromettent la sécurité alimentaire, ou encore que les États-Unis développent des armes biologiques dans des laboratoires clandestins.

Dernière catégorie, celle qui nous intéresse le plus, la propagande à destination des Occidentaux. Ici, le discours promu par le Kremlin évoque « l'OTAN qui encercle la Russie », le droit de cette dernière à avoir une « sphère d'influence ». Le rattachement de l'Ukraine, ce « pays corrompu », à l'Ouest, serait constitutif d'une « menace existentielle » pour le pays de Poutine, et les sanctions ne gêneraient en fait que les Européens.

Audace ou bêtise ?

Évidemment, ces éléments ne sont pas astreints à leur catégorie initiale mais peuvent apparaître momentanément dans les autres au gré des événements. Ainsi Volodymir Zelensky est-il qualifié par la propagande russe tantôt de nazi ou de juif, d'homosexuel ou de sataniste. Tout un programme.

Dans ce contexte, il n'est pas étonnant de voir presque tous les agents d'influence s'activer pour diffuser leurs éléments de langage. Au début de la guerre en Ukraine, la plupart des observateurs, dont l'auteur de ce livre, guettent la prochaine opération d'influence russe et gardent un œil attentif sur les activités des petits télégraphistes français du Kremlin.

Force est d'admettre que le tuyau vient de la personne à laquelle je m'attendais le moins : le youtubeur Léo Grasset. Il était inconcevable qu'il soit de nouveau contacté pour participer à une opération d'influence venant de Russie. Quand son numéro s'affiche sur mon téléphone portable, je ne m'attendais pas à ce qu'il me dise : « Oh les cons, ils ont recommencé ! »

Bis repetita. Cette fois le jeune homme est contacté par mail par une personne qui se présente comme « Natali », en réalité Natalia, si on se réfère à son adresse mail. Dans un français très hésitant qui ressemble quand même beaucoup à de la traduction automatique, elle propose, comme Fazze avant elle, un partenariat. Évidemment, elle indique agir pour le compte d'un client anonyme, un « organisme de recherche souhaitant recueillir de nouvelles opinions de personnes du monde entier ». Pour recueillir ces « opinions », elle demande à Léo Grasset de publier, contre rémunération, une vidéo qu'elle lui transmet en lien. Le budget ne semble pas être un problème : « vos conditions nous conviennent », précise-t-elle d'avance. Léo Grasset prend le risque de cliquer sur le lien envoyé ; il est redirigé vers une vidéo de quarante secondes intitulée « Qui est responsable de ce gâchis ? », martelant un message clair : la guerre en Ukraine, c'est la faute de l'Occident. On est loin de la grande production hollywoodienne : la vidéo se résume à une juxtaposition d'images, avec une musique angoissante en arrière-plan et des légendes apposées à la va-vite. À la fin de la séquence, une seule certitude : l'auteur de ce chef-d'œuvre a été encore plus mal payé que les salariés d'AdNow.

La situation amuse Léo Grasset, qui lâche avec beaucoup d'ironie : « Je suis ravi de voir qu'ils ne m'ont pas oublié. » En effet, il serait dommage de passer à côté de telles opportunités… Il y a pourtant une information à tirer de cette vidéo : ses métadonnées mentionnent un « .fr », ce qui laisse penser que d'autres versions ont pu être diffusées dans d'autres langues, et que d'autres partenariats ont été proposés à d'autres producteurs de contenus. En France, Léo Grasset n'est d'ailleurs pas le seul à avoir été approché par Natalia. Benjamin Brillaud, de la chaîne d'histoire Nota Bene, qui compte plus de 2 millions d'abonnés, a reçu la même proposition. Comme Léo Grasset, il n'a pas donné suite.

À la recherche de VEUL, entreprise fantôme

La société que prétend représenter Natalia s'appelle IMG VEUL, IMG valant pour International Marketing Group. Selon son site web, VEUL est une entreprise de marketing digital qui « représente mondialement les chaînes de podcasts et les influenceurs ». Elle se vante de compter dans ses rangs des employés situés à la fois en Russie, en Finlande et au Royaume-Uni, et d'opérer partout dans le monde, à l'exception du continent africain. Elle ne mentionne, en revanche, ni son origine ni ses dirigeants. Étrange pour une entreprise « leader de son secteur ». Cinq « clients » sont cependant cités, sans doute pour étayer la crédibilité de la société : Nintendo Switch, Tencent, Mattel, NordVPN et Xiaomi. Contactés, seuls NordVPN et Nintendo ont répondu : ils n'ont aucun lien avec l'entreprise.

Dans le but de tromper la vigilance de ses interlocuteurs, VEUL se vante également d'être « certifiée » sur DesignRush, un annuaire des entreprises de marketing digital. Lors d'un échange par e-mail, son fondateur, Gianluca Ferruggia, explique que le processus de vérification « a pu être défaillant », et assure que la vigilance sera renforcée à l'avenir. La page de VEUL est supprimée de l'annuaire juste après notre échange.

Autre anomalie, VEUL, qui assure en 2022 exister depuis sept ans, n'a créé son site web qu'un an auparavant. Étrange, pour une entreprise dont le business repose exclusivement sur Internet. Sur le réseau social professionnel LinkedIn, les responsables de VEUL ont pris soin de créer des profils d'employés. Mais, faute de moyens sans doute, toutes les photos de profil affichent fièrement le logo de l'entreprise. Ces prétendus employés ont d'ailleurs renseigné les mêmes compétences, écrites en alphabet cyrillique – même un certain « Thomas Lawrence » qui affirme pourtant résider au Royaume-Uni. Un seul profil semble réel : celui de Luiza Markosyan, une femme de vingt-cinq ans, Russe d'origine arménienne, habitant à Vidnoye, dans l'oblast de Moscou. Selon son profil LinkedIn, elle est directrice générale de VEUL, alors que cette entreprise n'a aucune existence légale en Russie.

Alors, qui se cache derrière VEUL ? Comme dans le cas de Fazze, une entreprise en cache une autre et il ne faut pas longtemps pour remonter jusqu'à une autre entreprise, IP Team, elle réellement référencée au registre du commerce russe.

IP Team propose les mêmes services que VEUL, et noue des partenariats entre influenceurs et entreprises. Selon son site web, l'entreprise compte 150 salariés, répartis dans deux bureaux, l'un à Sotchi en Russie, l'autre à Hong Kong. Dans son portefeuille clients figureraient des multinationales comme Coca-Cola, Samsung, Adidas ou même Auchan. On y retrouve d'ailleurs le nom de Luiza Markosyan, qui y a travaillé en tant que responsable du « département des clients internationaux », et dont le mail professionnel est encore actif alors qu'elle est censée avoir quitté son poste pour diriger VEUL. D'ailleurs, IP Team a, comme VEUL officiellement, sept ans d'existence. Les deux sociétés ont aussi au moins un client en commun, la firme de jeux Wizards of the Coast, dont Luiza Markosyan faisait la promotion sur les réseaux à l'époque où elle travaillait pour IP Team. Devant nos demandes de renseignements, Luiza Markosyan s'est contentée de bloquer l'accès à toutes ses pages sur les réseaux sociaux. Peu après, de même que pour Fazze, les informations qui liaient VEUL à IP Team ont été supprimées du web.

La bande des quatre

Heureusement, le site d'IP Team, resté actif, permet de remonter aux dirigeants de l'entreprise. On y trouve un certain nombre de patrons qui ont multiplié les créations d'entreprises dans le pays. Quatre hommes se singularisent.

Le premier, qui affirme se nommer « Tarek Mahaini », est peut-être le plus étrange. Sa biographie, intégralement écrite en chinois, renvoie vers une entreprise d'informatique à Dubaï qui ne comprend aucune mention d'un « Tarek Mahaini ».

Le deuxième membre de l'équipe dirigeante, Anton Erlbaum, est un homme d'une cinquantaine d'années, qui habite Saint-Pétersbourg. Il est lié à l'équipe dirigeante par diverses entreprises. Visiblement passionné par la boxe et le fitness, il semble aimer afficher son corps, jusqu'à diffuser sur ses réseaux sociaux des photos de lui très gênantes, en caleçon, dans ce qui semble être son bureau.

Troisième personnage, Mikhail Chekomasov, de Sotchi. C'est le seul à avoir eu la présence d'esprit de protéger ses comptes sur les réseaux sociaux. Pas assez, cependant, puisqu'on arrive encore à y accéder par un lien détourné, ce qui permet d'avoir accès à sa liste d'amis, où sont répertoriés ses « collègues ».

Enfin, Kirill Kalachnikov. Contrairement aux trois autres, c'est une vraie personnalité publique : il est connu comme le loup blanc au sein de la communauté des producteurs de contenus sur le YouTube russe. Originaire de Sotchi, et y habitant, il s'est fait connaître dans le milieu pour son utilisation de méthodes mafieuses directement importées de la Russie des années 1990. À cette époque, les mafieux offraient leur « protection » aux petits commerçants et entrepreneurs contre une partie de leurs revenus, n'hésitant pas à briser quelques os et à ravager les commerces pour convaincre leurs victimes d'accepter un « toit », selon l'expression de l'époque. Kirill Kalachnikov a exporté ce modèle de racket à la communauté des youtubeurs en Russie, leur offrant à son tour un « toit ». Un business model florissant visiblement en toute impunité car, en 2017, le youtubeur Yury Khovansky a dénoncé publiquement Kalachnikov pour des faits de violence et l'a qualifié de « psychopathe », mais la police de Saint-Pétersbourg semble avoir refusé d'enregistrer sa plainte et aurait tout fait pour enterrer l'affaire. Une petite frappe peut-elle vraiment bénéficier de ce genre de protection ?

Sans doute ne connaîtra-t-on jamais l'identité du client d'IP Team/VEUL. Mais on ne peut ignorer les points communs de la vidéo envoyée à Léo Grasset et de la propagande de l'État russe dans le cadre de la guerre de l'information menée conjointement au conflit armé en Ukraine.

Pour Alexandre Alaphilippe, directeur de l'ONG de lutte contre la désinformation EU DisinfoLab, le recours à des youtubeurs pour mener des opérations d'influence confirme l'évolution de la stratégie de désinformation russe. « Pour quelques milliers ou dizaines de milliers d'euros et sous réserve de trouver un créateur de contenus peu scrupuleux, ces gens peuvent diffuser leurs messages à plusieurs millions de personnes en un coup, explique-t-il. Une bonne affaire, car ils n'ont pas à mettre en place un dispositif plus sophistiqué qui serait coûteux, chronophage et certainement moins efficace », explique le directeur de l'ONG.

Plus important encore que le nombre même de personnes atteintes par ces messages, Léo Grasset pointe le fait que « les youtubeurs s'adressent à une communauté qui leur est acquise et qui a confiance en eux ». Une confiance qui pousse au moins une partie de l'auditoire à baisser la garde. Face à cette nouvelle menace, YouTube France ne cache pas sa préoccupation. Mais, pour la firme américaine, il est impossible de réguler les accords que concluent les utilisateurs de la plateforme avec des entreprises, surtout si ceux-ci décident de ne pas les afficher publiquement.

7

Des gamins presque comme les autres

Enquêter sur les opérations d'influence est frustrant. Au terme d'une investigation, on se retrouve souvent avec plus de questions que de réponses. Si contextualiser un phénomène, décrire son fonctionnement ou ses ambitions sont des objectifs atteignables, les choses se corsent lorsque l'on cherche à découvrir qui se trouve réellement à l'initiative de ces mesures actives.

La tâche est encore plus ardue lorsque le commanditaire d'une opération décide de passer par des mercenaires d'influence ou des entreprises comme AdNow ou IP Team qui rajoutent des couches d'opacité supplémentaires, de la même manière qu'une société-écran aide un fraudeur à échapper au fisc.

Mais dans le cas d'IP Team, la question du commanditaire est peut-être secondaire. Et se focaliser dessus à tout prix empêche de voir l'éléphant qui se trouve pourtant au milieu de la pièce. En cherchant ce mystérieux client et en fouillant dans le passé de l'entreprise à Sotchi, on découvre sur plusieurs vidéos les visages des employés de la boîte.

Pour l'immense majorité, il s'agit de jeunes gens dans leur vingtaine. À leur dégaine et s'ils étaient français, on pourrait les croire fraîchement sortis d'une école de commerce ou de communication.

Portrait d'une certaine jeunesse russe

La vraie question n'est pas : « Qui est le commanditaire ? », mais plutôt : « Qui sont ces gamins et comment se sont-ils retrouvés là ? » Prenons l'exemple de Luiza Markosyan. Derrière sa fausse image publique de dirigeante d'une entreprise internationale « leader dans son secteur », on découvre sur son Instagram (supprimé depuis) le quotidien banal d'une jeune femme russe.

Son compte regorgeait de photos d'elle embrassant son chien, de couchers de soleil, de soirées entre amis dans des bars branchés de Russie. Elle y dévoilait même un pan de sa vie amoureuse avec son petit ami photographe. Et elle n'est pas la seule car tous les employés d'IP Team identifiés au cours de l'enquête affichent des profils numériques parfaitement comparables à celui de Luiza Markosyan.

En parcourant leurs profils sur les réseaux sociaux, on mesure à quel point l'époque où les opérations d'influence étaient menées par des Bittman, des Dzirkvelov ou des Andropov est lointaine. Pourtant, dans l'imaginaire collectif, les manipulations de l'information venant de Russie laissent présager de sinistres militaires cachés dans des caves devant des ordinateurs de pointe. Avec les employés d'IP Team, le fantasme en prend un sacré coup. Aujourd'hui, ces opérations sont aussi menées par des jeunes gens qui n'ont jamais connu l'URSS, sont nés avec un smartphone dans les mains, et n'ont besoin de rien sinon d'une connexion Internet pour accomplir leurs missions.

Mais le plus marquant est qu'ils sont parfaitement occidentalisés dans leurs goûts. Ils publient sur leurs pages Instagram les photos de leurs vacances en Europe, des plats qu'ils commandent au restaurant ou de leurs soirées entre amis. Des jeunes gens qui, dans les traces qu'ils laissent sur le web, se confondent avec toute la jeunesse occidentale.

« *It's the economy, stupid!* »

Il est là, « l'éléphant dans la pièce ». Comment expliquer que des gamins qui ont adopté tous les codes des sociétés libérales occidentales, qui passent leur temps à essayer de coller aux dernières modes du web, acceptent un métier où ils doivent miner ces sociétés qui les font tant rêver et les ont d'ailleurs complètement influencés ?

Du point de vue français, on pourrait croire à un paradoxe. Mais du point de vue russe, ce scénario n'a rien d'étonnant. Il est au contraire le fidèle reflet d'une partie de la société russe d'aujourd'hui.

Pour comprendre la mentalité de cette jeunesse, il faut revenir à la génération de ses parents. Plus précisément, il faut s'attarder sur ceux qui ont fait main basse sur les richesses d'une URSS qui venait d'exploser, ont accaparé l'appareil politique et ont su imposer leur vision du monde à la société russe. En 2005, dans les colonnes du *Monde*, le politologue bulgare Ivan Krastev décrivait ces « néo-conservateurs de Poutine » comme des « occidentalisés anti-Occident, des anciens libéraux, des anticommunistes, des impérialistes », des gens qui « croient sincèrement aux vertus et à l'avenir d'une "démocratie dirigée", mélange subtil de répression douce et de manipulation dure. La plupart d'entre eux connaissent bien l'Occident et s'en inspirent. Leur vision de la politique est totalement élitiste : il s'agit d'une étrange combinaison de postmodernisme français, de maniérisme dissident, de coups tordus façon KGB et de cynisme postsoviétique, le tout mêlé d'efficacité très "business" et de grandiloquence russe traditionnelle. Ils croient en la démocratie, mais en une démocratie manipulatrice, pas représentative[1] ».

Dans son livre *Nothing is True and Everything is Possible*[2], le journaliste Peter Pomerantsev se souvient de collègues de la télévision russe qui « semblaient complètement européens », mais produisaient sans problème la propagande du régime. Des individus désillusionnés qui n'ont « jamais cru au communisme dans lequel ils ont vécu pendant vingt ans », ont connu « la démocratie, un État mafieux et une oligarchie » et en ont conclu avec une fausse lucidité et beaucoup de cynisme que, après tout, la propagande n'était rien d'autre que de la « communication publique ».

C'est en reconnaissant ce cynisme postsoviétique dans les élites moscovites que l'on peut comprendre que l'ancien président russe Dmitri Medvedev porte des caleçons

1. Ivan Krastev, « Les néoconservateurs de Poutine », *Le Monde*, 7 novembre 2005.

2. PublicAffairs, 2014.

Calvin Klein et dépense des fortunes dans des paires de baskets, tout en appelant à nucléariser les États-Unis tous les quatre matins. De même, le propagandiste en chef Vladimir Soloviev, qui ne rate jamais une occasion de rappeler que l'Occident est satanique, a quand même une famille cachée aux États-Unis, pays dans lequel il se rendait tous les mois il y a encore quelques années. Si, pour ces hommes, tout n'est que « communication publique », alors autant profiter du capitalisme et assumer le consumérisme qui a remplacé le communisme.

Ce modèle a largement infusé dans la nouvelle génération, si l'on en juge par les profils Instagram des employés d'IP Team. Un salarié n'hésite d'ailleurs pas à partager des caricatures antiguerre sur son compte VK (le Facebook russe), tout en travaillant pour une entreprise menant des opérations d'influence en faveur de l'agression militaire en Ukraine.

Un Français y verrait une contradiction quand un Russe y voit seulement l'opportunité d'exercer un boulot « cool » lui offrant les moyens de traîner dans les bars branchés de Sotchi et d'acquérir le dernier smartphone.

Après tout, tordre les faits et la réalité est un business comme un autre en Russie. Et ceux qui auraient des remords peuvent toujours se convaincre d'être du bon côté grâce à ces discours patriotiques qui se sont multipliés depuis le 24 février 2022. Même si elles se ressemblent sur les réseaux sociaux, la jeunesse russe est donc l'antithèse de la jeunesse française. Quand cette dernière revendique son implication en politique et son militantisme, les jeunes Russes continuent de se dire « apolitiques ». Et s'il est de moins en moins concevable pour les jeunes en France d'exercer des métiers opposés à leurs idéaux, la jeunesse russe représentée dans les rangs d'IP Team n'éprouve quant à elle aucun scrupule tant que son travail lui permet d'afficher un train de vie supérieur à celui de ses parents et de ses grands-parents au même âge.

Une autre différence saute aux yeux. Celle qui sépare les propagandistes russes du régime de Poutine des idiots utiles français du Kremlin. Une grande partie des propagandistes russes ne croient pas un traître mot des discours qu'ils relaient, affichant même des convictions opposées dans leur vie privée. Au contraire, les nervis français de Moscou n'hésitent pas à mener un combat qu'ils qualifient volontiers d'engagement politique et idéologique. Ils croient dur comme fer à la propagande du Kremlin et aux discours sur « l'Occident décadent » et bientôt « grand remplacé ». En cela, ils sont bien plus naïfs que leurs homologues russes, qui doivent bien se moquer de ces petits serviteurs zélés.

Les opposants

Les employés d'IP Team ne sont pourtant pas un reflet parfait de la jeunesse en Russie. Une partie de cette génération est investie politiquement et caresse toujours l'espoir d'un changement politique, sans vraiment trop y croire. C'est le cas de Sergei (nom d'emprunt), avec qui j'ai entretenu une correspondance discrète au début de la guerre. L'invasion du 24 février à peine commencée, il est descendu dans la rue, comme des milliers de Russes, pour manifester contre « l'opération spéciale ». Ce jeune trentenaire, partisan de Navalny, a risqué vingt ans de prison pour marquer son opposition à Poutine, acte de défiance qui lui a valu d'être embarqué par la police et détenu de longues heures dans un commissariat, avant de s'en tirer avec une simple amende. Après cela, les forces de sécurité intérieure ne l'ont pas lâché d'une semelle.

Alors que nous étions convenus d'un rendez-vous téléphonique sur une messagerie sécurisée, Sergei a expliqué ainsi ses quinze minutes de retard : « Pardon, la police est venue frapper chez moi », une visite tardive qui avait vocation à lui faire comprendre que les autorités l'ont à l'œil, afin de le dissuader de manifester à nouveau.

Pendant notre heure d'interview, Sergei se montre presque amusé par mes questions. Alors que je suis tenté de blâmer la machine répressive du Kremlin pour expliquer la faible ampleur des manifestations antirégime, Sergei a une explication tout autre. Pour lui, le fait que les manifestations se soient vite essoufflées a moins à voir avec le Kremlin qu'avec l'éducation des enfants : « Nous vivons dans un pays où, pendant des générations, les parents ont inculqué à leurs enfants qu'il ne fallait pas se préoccuper de politique. Que c'était quelque chose de sale réservé aux élites et aux corrompus et qu'il valait mieux s'en tenir éloigné. » Une guerre, c'est encore de la politique, alors mieux vaut s'en tenir éloigné.

Pour cette génération de jeunes Russes politisés, le combat le plus difficile n'est peut-être pas celui qui les oppose à la machine répressive du Kremlin. Leur plus grand défi sera d'essayer de repolitiser une société habituée à se tenir sage tant que son train de vie est assuré.

Ce combat n'était pas la priorité de Sergei à la fin de notre interview. Il lui a d'abord fallu composer avec un autre policier venu frapper à sa porte pour lui délivrer une dose de rappel sur la nécessité de rentrer dans le rang.

8

Maman, je suis devenu propagandiste

« Vous devriez veiller à supprimer vos informations personnelles », explique Valeriy Artsekhovskyy à ses interlocuteurs dans une visioconférence qui réunit une vingtaine de personnes sur la messagerie chiffrée russe Telegram. Ce trentenaire, qui habite en Russie, n'est pas franchement content de voir « qu'il y a encore des photos et des noms affichés » dans les profils des personnes qui composent ce petit groupe d'une quarantaine de personnes dont il a la charge. Dans un excellent français, teinté d'un léger accent russe qui n'a jamais disparu malgré plus d'une vingtaine d'années passées en France, il prévient « qu'aujourd'hui le groupe est petit mais qu'à force de grossir, les médias français vont s'intéresser à nous ». D'où la nécessité de rester le plus discret possible, de manière à ne pas pouvoir être identifié. Pas de chance, dans la quarantaine de personnes qui composent ce groupe se cachent déjà deux journalistes infiltrés sous une fausse identité. Ce petit groupe privé constitue la branche française du réseau InfoDefense, qui se décline en une vingtaine de langues sur Telegram.

InfoDefense

Ce réseau prétend dire « la vérité que la majorité des médias préfèrent ne pas diffuser » et a été repéré pour la première fois par la chercheuse australienne Élise Thomas. Dans une étude publiée par le think tank australien Institut pour le dialogue stratégique (ISD), la chercheuse a daté l'origine de ce canal Telegram : il a été créé après le 24 février 2022 par Yuri Podolyaka, blogueur fort de plus de 2 millions d'abonnés ; cet Ukrainien prorusse avait initialement demandé de l'aide à sa communauté pour traduire des contenus.

Le réseau InfoDefense compte aujourd'hui 28 chaînes Telegram, en 28 langues (langues européennes mais aussi japonais, chinois, perse, arabe et hébreu). Toutes ces chaînes ne se valent pas en termes d'audience. Celle qui compte le plus d'abonnés est le canal germanophone (33 000 membres). Puis viennent le russophone (26 000), le francophone (plus de 18 500), l'anglophone (17 000), et l'italien (15 000). En queue de peloton, on trouve les pays scandinaves, dont les populations sont plus sensibilisées au risque de manipulations de l'information venues de Russie, et les canaux chinois et japonais, qui comptent respectivement 400 et 200 abonnés. Ces derniers, même s'ils n'ont jamais décollé en termes d'audience, continuent d'être alimentés quotidiennement, ce qui démontre un certain niveau d'organisation et de persévérance dans les moyens octroyés à InfoDefense.

Ce réseau se vante d'apporter à ses plus de 100 000 abonnés – tous canaux confondus – une « information factuelle » loin des autres « canaux de propagande » russes, mais il ne diffuse généralement que des contenus favorables aux intérêts du Kremlin. Dans le cas de la guerre en Ukraine, les forces militaires de Moscou sont décrites comme empathiques et composées de libérateurs, au contraire des forces ukrainiennes qui commettraient des crimes de guerre quotidiennement. Une fausse neutralité, qu'illustre particulièrement bien l'épisode de l'explosion du barrage de Kakhovka, et le désastre environnemental qui a suivi[1] : alors que toutes les pistes pointent dans cet événement une responsabilité directe de la Russie, InfoDefense n'hésite pas à l'attribuer aux Ukrainiens, quitte à appuyer sa thèse sur un tweet de Florian Philippot, en surfant sur sa stature d'ancien député européen. Chacun jugera de la valeur de ce genre de « sources ». Qu'importe, l'essentiel est d'assurer le service après-vente de Moscou auprès d'une audience française. Évidemment, jamais aucun élément à charge ne sera mentionné – comme l'interception des appels de soldats de l'armée russe qui affirment avoir été impliqués dans l'explosion de ce barrage[2].

Si InfoDefense semble détester la « propagande » des « médias » européens, il n'hésite pas à reprendre sur ses chaînes les articles de ces médias qui servent ses intérêts, quitte à en caviarder les passages gênants. Pour alimenter le canal francophone au quotidien avec des traductions et des montages vidéo, les administrateurs du réseau ont lancé

1. « Destruction du barrage de Kakhovka en Ukraine : un désastre environnemental majeur », RFI, 30 juin 2023.

2. Michael Weiss et James Rushton, « Damning Evidence: Russia's Culpability in Ukraine's Biggest Ecological Disaster Since Chernobyl », *New Lines Magazine*, 15 juin 2023.

des appels publics aux volontaires à la fin de l'année 2022. L'occasion était trop belle : avec le journaliste Romain Mielcarek, nous décidons de passer un entretien d'embauche pour devenir des petites mains bénévoles de la propagande de Moscou.

Un bon petit soldat de la désinformation

C'est l'entretien d'embauche le plus simple de ma vie : il suffit d'un traducteur automatique pour faire croire à Irina, la recruteuse, que je dispose de quelques connaissances de la langue de Tolstoï. Si la mère patrie a besoin de soldats pour mener sa guerre de l'information, force est d'admettre qu'elle n'est pas très regardante sur les compétences ou la crédibilité de ceux qui frappent à la porte. « Propagandistes de tous les pays, unissez-vous ! »

Me voilà donc devenu un petit télégraphiste du Kremlin. Au moins pour un temps. À ma grande déception, aucun pot n'est organisé dans l'entreprise de désinformation, et je devrais me contenter, comme cadeau de bienvenue, d'un accès au groupe privé qui regroupe la quarantaine de personnes travaillant pour le canal francophone.

À défaut de champagne et de caviar, j'ai la possibilité de remonter le fil de conversation jusqu'à la date de sa création. Une manœuvre assez fastidieuse, qui permet de dresser une liste exhaustive de tous ceux qui ont participé à la boucle française d'InfoDefense et de découvrir un peu plus le mode de fonctionnement du groupe. Avec Romain, nous découvrons un système dirigé par un « comité rédactionnel » composé de gens dont l'identité n'a jamais fuité, et qui dispose d'une organisation très professionnelle.

Les membres sont dispersés dans différentes boucles en fonction de leurs tâches – par exemple la traduction, les corrections, ou encore la publication. Pour coordonner ces services, un fichier, sur Google Drive, recense toutes les publications du canal Telegram, avec un code couleur pour suivre l'avancée du travail. Ce tableur comptait déjà plus de 2000 lignes, donc plus de 2000 publications, à notre arrivée.

Valeriy Artsekhovskyy expose les règles du canal. Après de brèves explications sur le fonctionnement global de la machine, il explique qu'une réunion se tient tous les lundis vers 19 heures, heure de Paris, dans le but de faire le point sur les objectifs du canal et les résultats de chacun. On dirait presque une start-up, le baby-foot en moins.

Nos nouveaux collègues complotistes

L'organisation est très professionnelle, mais les « volontaires » sont souvent plus caricaturaux que les Russes dans leurs analyses, quand ils ne sont pas tout simplement complotistes au dernier degré. Dans son article du *Monde*[1], Romain Mielcarek cite notamment Véronique B., retraitée ravie de pouvoir échanger « pour la première fois avec des Russes ». Pour elle, les incendies en Bretagne durant

1. « InfoDefense, les volontaires ordinaires de la propagande russe sur Telegram », *Le Monde*, 21 février 2023.

l'été 2022 ont été « probablement commandités par notre merveilleux gouvernement pour implanter des installations de capteurs solaires géants ». Quand la communauté kurde à Paris a été touchée par un attentat le 23 décembre 2022, elle se demande : « Qui a commandité cet attentat ? La CIA ? » Un cruel rappel que certaines de nos grands-mères françaises n'ont pas grand-chose à envier aux babouchkas russes dont le cerveau est rongé depuis des dizaines d'années par la propagande d'État. Cependant, l'engagement de Véronique semble assez difficile à assumer puisque, lors d'une réunion du lundi, elle confie s'être exilée « dans la cuisine pour éviter que mes filles me voient ».

Parmi les francophones, Yousseph A., qui prétend habiter à Casablanca, fier partisan de Vladimir Poutine depuis au moins une dizaine d'années, ou encore Lucy, jeune professeure particulière de russe à Paris. Romain Mielcarek, de son côté, a pu identifier également Aziza A., une jeune attachée commerciale parisienne ou Yves N., infirmier suisse à la retraite. Difficile de leur trouver un point commun, au-delà de la conviction que « les médias mentent » et de leur amour des sites dits de « réinformation ». Ils ont quand même leurs coqueluches dans les médias traditionnels, comme le présentateur André Bercoff, lui-même habitué à laisser s'exprimer les voix des prorusses sur Sud Radio.

Les Russes qui composent le canal ont, eux, des profils plus intéressants. On y retrouve Natalia Maksimova, jeune étudiante interprète à l'université des sciences humaines de Moscou ; Anastasia P., business woman apparue sur la chaîne Tsargrad de l'oligarque russe d'extrême droite Konstantin Malofeev ; Irina, dont on sait seulement que son ex-mari faisait partie des « petits hommes verts », terme employé pour décrire les soldats masqués de la Fédération de Russie qui ont participé à l'invasion de l'Ukraine en 2014.

Le profil plus intéressant du troupeau reste son berger, Valeriy Artsekhovskyy. Comme le remarque Romain Mielcarek dans son article, rien ne destinait ce trentenaire à se retrouver dans la position de manager d'une petite équipe de propagandistes prorusses. Arrivé en France dans sa jeunesse, il a vécu en région parisienne, à Rosny-sous-Bois. Il travaille comme agent de sécurité incendie avant de suivre une très modeste formation d'intégrateur web en 2019. Il repart en Russie à l'aube de sa trentaine pour y refaire sa vie. Aujourd'hui, il assure vivre de petits boulots dans le BTP et s'occupe, officiellement sur son temps libre, de développer le réseau InfoDefense.

S'il répète que les volontaires font « presque » un travail de journaliste, il attend surtout d'eux qu'ils soient « des soldats de la guerre de l'information ». Heureusement pour lui, même s'il affirme qu'on peut critiquer la Russie, ses ouailles sont suffisamment disciplinées pour aller spontanément chercher les contenus favorables au Kremlin. Pour peu, on croirait revivre une scène de la série d'espionnage *Le Bureau des légendes*, où un officier de renseignement de la DGSE s'indigne des propos hostiles au service qu'il voit passer sur Twitter. Quand une collègue lui demande si ces messages proviennent des « trolls russes », l'officier répond sans détour qu'« on n'a plus besoin des trolls russes pour être cons maintenant, on est grands ».

Conscient de la nécessité de ne pas paraître trop caricatural pour être crédible auprès d'une audience francophone,

Valeriy Artsekhovskyy invite les volontaires à « ne pas trop parler de nazis », au risque de braquer le public. Il tente aussi de les sensibiliser au b.a.-ba de la sécurité opérationnelle en leur répétant de supprimer toutes les informations qui permettraient de les identifier.

La sécurité compte tellement pour les gérants du canal qu'ils diffuseront même un « guide » tout à fait hallucinant de ce qu'ils considèrent être des bonnes pratiques en la matière. Ces instructions invitent à se procurer des cartes SIM jetables, en sollicitant l'aide de personnes sans domicile fixe qui pourraient être récompensées par un billet ou une bouteille d'alcool, le tout afin d'éviter de s'exposer aux caméras de surveillance des bureaux de tabac. Rien que ça. Ce mode de fonctionnement paraît bien éloigné de l'éthique des rédactions normales. Dommage, le guide ne mentionne pas les mesures de sécurité à prendre dans le cadre des recrutements. Pourtant, cela aurait été sans doute utile.

Pour rester dans le groupe, il faut donner le change. Je décide de participer à la correction des textes traduits[1]. Une petite contribution qui me donne l'occasion d'interroger Valeriy sur l'avenir d'InfoDefense. « Le but est de s'extraire de Telegram et de créer des comptes sur les autres réseaux sociaux », explique-t-il. Une initiative pas vraiment couronnée de succès, puisque la page Facebook d'InfoDefense, à l'heure où ces lignes sont écrites, ne compte qu'à peine plus de 200 abonnés. La conquête des cœurs et des esprits, ce n'est pas pour aujourd'hui. À ce stade, le réseau, bien que

1. Ma contribution s'est limitée à la correction de cinq textes de cinq lignes.

très actif, ne semble attirer que les lecteurs déjà convaincus des positions prorusses, et peine à conquérir un autre public.

Les infiltrés se sabordent

Les lundis passent et, bientôt, Romain m'informe de la publication imminente de son article dans *Le Monde*. Ma couverture ne va pas survivre à la chasse à la taupe qui va suivre.

Romain est rapidement exclu du groupe, mais j'y demeure assez longtemps pour assister aux conversations inquiètes des « volontaires », qui ont peur que leur identité fuite. Chacun se demande d'abord comment ce « pseudo-journaliste » a pu se procurer les noms et les coordonnées de ceux qui sont cités. L'hypothèse qu'il soit caché parmi eux ne les effleure pas immédiatement, mais un léger vent de panique s'est levé. Dans la dernière réunion à laquelle j'ai assisté, avant d'être à mon tour exclu sans sommation du groupe privé, des intervenants confiaient leur malaise d'avoir à prendre la parole, sachant que la sécurité du canal était compromise. Tout d'un coup, les fiers soldats de la guerre de l'information n'étaient plus si fiers que ça.

9

La confrontation en Afrique

Fin janvier 2023, une courte vidéo circule sur Twitter, WhatsApp et Telegram auprès d'une audience africaine. Si elle devient virale, ce n'est pas pour la qualité des dessins – on est plus proche du studio d'animation nord-coréen que de Pixar –, mais pour son scénario. À défaut d'être subtil, il est efficace.

Le rat et le soldat

Un Africain lit tranquillement son journal, quand il est soudain dérangé par un rat vêtu d'une marinière et d'un béret – représentation de la France –, qui s'est introduit par un trou dans le plancher et vient piller son garde-manger. Après plusieurs allers-retours, le rat se fait de plus en plus gros et menaçant. La voix off explique : « C'est le rat Emmanuel, il est votre ami, il est venu pour vous aider. Vous ne pouvez rien faire sans lui. Vous avez besoin de lui. » Dans le journal, l'Africain trouve la solution à son problème : le groupe Wagner. Il appelle pour se débarrasser du rat. Quelques instants plus tard, un homme blanc débarque en treillis militaire, un étui de guitare à la main. Il en sort une masse, le symbole des mercenaires, avec laquelle il tue le rat d'un coup avant de serrer la main de l'habitant, enfin libéré du nuisible.

Quelques semaines auparavant, une autre production a circulé : des squelettes aux casques ornés du drapeau français fondent sur un territoire que l'on devine être le Mali. Un homme – qui ressemble beaucoup au chef d'État malien, le putschiste Assimi Goïta – résiste à l'envahisseur à grands coups de kalachnikov. Alors qu'il est à court de munitions, l'homme blanc providentiel de Wagner vient à sa rescousse.

Le message de ces deux vidéos est sans ambiguïté : la Russie est une puissance amie et libératrice, tandis que la France est une puissance coloniale qui vient piller les ressources des pays d'Afrique. On est là face à une propagande chimiquement pure de la Russie qui tente de faire son grand retour en Afrique. Ces messages sont d'ailleurs de vraies insultes à l'intelligence des peuples africains, et en disent long sur la manière dont les Russes les considèrent réellement.

Si l'on parle de « retour », c'est en référence à la période de la guerre froide. Dans les années 1960, les pays dits du « tiers monde » étaient une cible prioritaire pour l'URSS, qui cherchait à diffuser son modèle politique et idéologique. L'Afrique n'était pas exempte des mesures actives menées par le KGB à l'époque qui visaient non seulement à accompagner le développement des collaborations entre l'Union soviétique et plusieurs États, mais aussi à miner l'influence des puissances occidentales dans un moment de décolonisation ou à s'opposer aux ambitions d'autres acteurs, comme la Chine maoïste[1].

Le retour de la Russafrique

Après une longue période de désengagement, la Russie postsoviétique entend de nouveau appliquer une politique de projection de puissance. Depuis le milieu des années 2010, elle amorce son retour sur le continent africain à grand renfort d'opérations informationnelles et en s'appuyant sur l'expérience des décennies précédentes. Un phénomène qui, selon une source diplomatique, a « longtemps été sous-estimé » par les militaires, les diplomates et les politiques français.

Pour concrétiser ce retour en force – qui s'est vraiment matérialisé avec les sommets Russie-Afrique de Sotchi en 2019 et de Saint-Pétersbourg fin juillet 2023 –, la Russie développe, selon les chercheurs de l'IRSEM Maxime Audinet et Emmanuel Dreyfus, une « présence bicéphale » : d'une part des acteurs privés plus ou moins autonomes, d'autre part une présence officielle qui prend de plus en plus d'importance, notamment avec la réorientation vers l'Afrique des médias d'État russes en langue française – médias qui, après l'invasion de l'Ukraine, ont été bannis du territoire européen.

Jusqu'à son décès à la suite de sa tentative de coup d'État avorté en Russie, le plus important et le plus médiatique

1. Voir *Le KGB contre l'Ouest, les archives Mitrokhine*, *op. cit.*

des acteurs privés était Evgueni Prigojine, le fondateur de Wagner. En plus d'avoir déployé ses mercenaires dans divers pays comme la Libye, le Mali ou la Centrafrique, Prigojine menait diverses opérations d'influence et de désinformation, dont la plupart étaient dirigées contre la France et les intérêts de Paris dans ces mêmes pays.

D'autres acteurs russes ont également œuvré au rapprochement de l'Afrique avec Moscou, comme l'oligarque d'extrême droite Konstantin Malofeïev, qui a créé en 2019 l'Agence internationale pour le développement souverain (IASD), une organisation qui œuvre à « l'indépendance financière vis-à-vis du monde occidental ».

Il faut s'attarder ici sur ces opérations d'influence visant à discréditer la présence française en Afrique et à légitimer celle de la Russie. Création de faux think tanks, de médias plus ou moins fantoches, rachat de médias établis ou recours à des influenceurs : les méthodes habituelles. Mais les acteurs russes surfent aussi sur le ressentiment des populations vis-à-vis de Paris et du passé colonial de la France, accusée, parfois à tort mais parfois aussi à raison, de mener une politique néocoloniale sur le continent africain. Un ressentiment bien réel amplifié à grands coups de campagnes de désinformation. Il ne s'agit pas de pointer les turpitudes actuelles de la France en Afrique, mais de lui faire porter le chapeau de tous les maux qui traversent le continent. Ces campagnes de désinformation frôlent parfois l'absurde, par exemple lorsque des acteurs payés par la Russie affirment que la France a créé de toutes pièces les organisations terroristes islamistes présentes en Afrique subsaharienne.

Sans en être à l'origine, Moscou entretient et développe ce sentiment antifrançais dans plusieurs pays d'Afrique, notamment – comme le faisait déjà l'URSS dans les années 1950 – en apportant son soutien à des organisations et des acteurs qui se revendiquent de l'idéologie panafricaine[1]. Les militants appuyés par Moscou, bien qu'ils se disent héritiers de Thomas Sankara[2], pratiquent un néo-panafricanisme beaucoup plus radical et clivant que celui de leur modèle. Ils portent un discours anti-impérialiste qui épargne largement la Russie.

Afrique Media TV

Dans la sphère des panafricanistes, une chaîne de télévision sort du lot : Afrique Media TV. Intégrée au groupe Media Press Africa, elle revendique une « présence dans plus de 220 millions de foyers » grâce à une diffusion satellitaire, par le câble et sur les ondes hertziennes. Sur les réseaux sociaux, elle totalise près d'un million d'abonnés sur Facebook et compte plusieurs milliers de vidéos sur sa chaîne YouTube.

À longueur de journée, elle diffuse des débats enflammés qui alimentent le narratif antifrançais. Cette chaîne ouvertement conspirationniste voit la « main de Paris » ou celle de l'Occident derrière chaque événement : la France « est

1. Le panafricanisme est un mouvement qui promeut l'indépendance totale du continent africain et qui entend encourager la pratique de la solidarité entre Africains où qu'ils se trouvent.

2. Ancien chef d'État du Burkina Faso, héros du panafricanisme devenu symbole du combat anti-impérialiste africain.

à l'origine » ou « finance » les organisations terroristes en Afrique, le Covid-19 est un complot mené par la « science occidentale », les enfants africains se font déposséder de leurs organes par les élites occidentales, qui les utilisent pour accroître leur espérance de vie…

La seule chose qui semble égaler cette détestation de la France et des élites occidentales est l'amour de la Russie, un pays « libérateur », un « allié fiable » qui aidera les Africains à chasser l'envahisseur français qui pille, viole et tue les populations.

Ce discours s'aligne parfaitement avec le récit qu'entend délivrer la Russie. On pourrait croire à un simple alignement idéologique mais les liens, y compris financiers, entre Afrique Media TV et plusieurs acteurs russes, dont feu l'oligarque Evgueni Prigojine, sont bien réels. Ils ont été révélés dès 2019, dans un article de l'Agence de presse panafricaine (APP) informant que la chaîne de télévision avait reçu « d'importants financements pour son développement » de la part de « Russes » dont les noms n'étaient pas précisés. Le directeur de la chaîne, Justin B. Tagouh, les a également directement évoqués dans un tweet, en 2020, où il annonçait « avoir eu une visioconférence avec les partenaires russes pour l'installation de la plus grande radio panafricaine », et révélait qu'« une équipe d'Afrique Media se [rendrait] à Sotchi pour parapher les documents dans les prochains jours ». Ce message était accompagné d'une photo où Justin B. Tagouh était immortalisé en compagnie du ministre des Affaires étrangères de la Fédération de Russie, Sergueï Lavrov.

Autre pilier de la chaîne de télévision, le « géopolitologue » belge Luc Michel. Souvent présenté comme un militant politique proche de l'extrême droite, qualificatif qu'il réfute formellement, il ne nie pas être « une courroie de transmission de la "russosphère" ». « Je fais ce que les médias belges appellent de la diplomatie parallèle[1] », résume-t-il. Régulièrement présenté comme étant « au service des intérêts russes », il rétorque être « parfaitement indépendant » et en aucun cas « financé par la Russie », même s'il en est proche sur le plan des idées.

Pourtant, Luc Michel n'est pas étranger aux opérations d'influence menées par le Kremlin. En 2014, avec sa structure, l'Eurasian Observatory for Democracy and Elections (EODE), il est missionné pour aller « surveiller » le « référendum » pour l'indépendance en Crimée après l'annexion russe du territoire. Au début de l'invasion du 24 février 2022, il sera même à l'origine de l'ouverture d'un canal Telegram sobrement intitulé « Merci Wagner ! ». En homme d'influence, il aime évoquer l'étendue de son carnet d'adresses en Afrique comme en Russie. Il ne cache pas « connaître » le conseiller russe du président de la République centrafricaine Faustin-Archange Touadéra : Valery Zakharov, que l'on retrouve dans un rapport de l'ONU rendu public fin mars 2021, où il est présenté comme… un membre de la chaîne de commandement de Wagner.

Autre indice, une tribune publiée sur le site d'Afrique Media TV le 10 juillet 2020, intitulée : « Engel a beau manœuvrer : il n'arrive pas à gagner, même avec une résolution contre Prigojine ! » Une charge contre le représentant démocrate américain Eliot Engel, à l'origine d'une

1. Entretien avec l'auteur, juin 2021.

résolution contre l'entrepreneur d'influence russe, que l'on retrouve publiée au mot près, le même jour, sur d'autres sites affiliés aux opérations d'influence du milliardaire russe.

Toujours prompte à glorifier les initiatives russes en Centrafrique, Afrique Media TV a également assuré le service après-vente du film de propagande russe *Tourist*, à la gloire des « instructeurs russes » venus former les forces armées centrafricaines. C'est certainement ce coup de cœur cinématographique qui a poussé les décideurs de la chaîne à diffuser le film dans son intégralité sur sa chaîne YouTube alors qu'elle semble, a priori, ne pas en détenir les droits. La firme qui les possède, LLC « Aurum », était détenue à 100 % par Evgueni Prigojine à l'époque, selon les données publiques du ministère de la Culture russe.

La chaîne panafricaine a également couvert de très près la création de la radio locale centrafricaine Radio Lengo Songo, « nouvelle fierté du paysage médiatique centrafricain », « outil de communication de masse le plus interactif qui soit en République centrafricaine » et « résultat de la coopération d'un grand nombre de personnes qui ne sont pas indifférentes au sort » du pays. Il est certes précisé que parmi les financements figurent « des compagnies avec des participations russes » – mais Afrique Media TV omet de mentionner qu'il s'agit de l'entreprise d'extraction minière Lobaye Invest, filiale de M Invest, groupe fondé, là encore, par Evgueni Prigojine[1].

1. Carol Valade et Clément Di Roma, « Comment la Centrafrique est devenue le laboratoire de la propagande russe en Afrique », *Le Monde*, 8 juin 2022.

Contactés, de nombreux anciens et actuels employés d'Afrique Media TV n'ont pas répondu aux demandes d'interviews. Seul Martin Ngningaye, directeur général du groupe Media Press Africa, a déclaré ne pas ignorer l'existence « d'informations sur les origines de nos financements ni les rapports qui pourraient exister entre notre chaîne et la Russie », mais il préfère « pour le moment ne pas commenter ces informations ». En guise de justification, il expliquait en 2021 que « la géopolitique actuelle nous impose une certaine réserve[1] ».

Une réserve qui n'est plus vraiment d'actualité. Après le désengagement de l'oligarque russe dans la télévision panafricaine pour des raisons qui restent obscures, Afrique Media TV a annoncé publiquement, à la fin de l'année 2022, son partenariat avec la chaîne de propagande étatique russe Russia Today.

Des influenceurs grassement rémunérés

Sur les plateaux d'Afrique Media TV, il n'est pas rare de voir défiler des « influenceurs » africains ou afro-descendants venus prêcher la bonne parole de Moscou. Le plus connu est le militant Kemi Seba, qui totalise plus d'un million d'abonnés sur Facebook et a eu des responsabilités au sein d'Afrique Media TV. Il a lui-même avoué avoir collaboré avec Evgueni Prigojine, ce qui a été confirmé par une enquête menée conjointement par *Jeune Afrique*, le

1. Réponse envoyée par e-mail à l'auteur, juin 2021.

magazine « Sources » de Arte/CAPA, le quotidien allemand *Die Welt* ainsi que les organisations All Eyes On Wagner et Dossier Center. Grâce à une fuite de documents internes de la galaxie Prigojine, le collectif informel a pu affirmer que le franco-béninois avait reçu plus de 440 000 dollars du groupe Wagner en l'espace d'un an. Kemi Seba jure avoir cessé sa collaboration lorsque Prigojine lui a demandé de mener des actions violentes en Afrique.

Autre fer de lance de l'influence russe en Afrique, l'activiste suisso-camerounaise Nathalie Yamb, qui compte plus de 317 000 abonnés sur X (ex-Twitter). Grâce à une communication travaillée et à une voix éloquente, la quinquagénaire est une figure de proue de la dénonciation des activités françaises en Afrique. À l'inverse, elle n'a pas de mots assez doux pour défendre l'invasion russe de l'Ukraine, et n'hésite pas à diffuser les fausses informations du Kremlin sur ce conflit. L'anti-impérialisme à géométrie variable, en somme. Sa radicalité lui a valu d'être invitée à prononcer un discours au sommet Russie-Afrique de Sotchi, en 2019. Cette expérience l'a mise sous le feu des projecteurs ; elle en a tiré le surnom, autodécerné, de « dame de Sotchi ». Comme Kemi Seba, elle a entretenu des relations avec les cercles d'Evgueni Prigojine, assistant notamment à Berlin, en 2020, à une conférence organisée par le réseau Afric – que l'ONG Free Russia Foundation décrit comme un « réseau d'agents d'influence, payés avec des formes intraçables de cryptomonnaies, fournissant des expertises et des avis bénéfiques à la Russie ». Comble de la gloire, fin octobre 2022, la militante s'est vu délivrer un interdit de séjour en France, une très bonne nouvelle pour l'activiste, qui n'a pas manqué de communiquer sur cette « preuve [qu'elle] dérange » Paris. De quoi doper son capital symbolique.

Derrière ces deux gros influenceurs se cachent encore une myriade de petits microentrepreneurs vivant de la dénonciation de la présence française en Afrique. Autant d'individus qui préoccupent les autorités françaises, qui ont bien du mal à trouver une solution. En effet, comment réagir au flot de désinformation sur les activités françaises en Afrique, sachant qu'il faut déployer bien plus d'efforts pour rétablir une vérité que pour diffuser un mensonge ? Pire, réagir ne reviendrait-il pas à donner une trop grande exposition à la voix de ceux qui désinforment ? Autant de questions qui travaillent les huiles parisiennes. « Les situations s'évaluent au cas par cas », souffle une source au ministère de l'Europe et des Affaires étrangères, conscient de la difficulté de l'exercice.

Reste une question, peut-être un peu plus dérangeante. La présence de ces influenceurs et, plus largement, de cet écosystème de désinformation russe ne serait-il pas profitable à Paris, offrant un superbe moyen de délégitimer d'autres critiques, sérieuses et justifiées, sur les activités françaises en Afrique ? « Absurde ! » rétorque avec force une source diplomatique. Vraiment ?

10

Alexandra

« Qu'est-ce que tu foutais avec le FSB ? » Julien ne s'attendait pas à cet appel et à cette question un peu abrupte de ma part sur ses liens avec le Service de renseignement intérieur russe. Il faut dire que la dernière fois que j'ai échangé avec lui, c'était il y a quatre ou cinq ans, une bière chaude à la main sur un coin de pelouse du côté de l'hôtel des Invalides en compagnie de jeunes de l'Institut des hautes études de défense nationale (IHEDN). À l'époque, Julien est un jeune chercheur prometteur en train de boucler sa thèse en relations internationales. Russophone et russophile, il n'entretient aucune illusion vis-à-vis de la nature du régime de Poutine. Pour peu, il pourrait presque se revendiquer gaulliste, si le terme n'était pas vérolé par ceux qui essayent de faire passer leur amour du goût des bottes russes pour du souverainisme. La seule aspérité à son profil est sa passion assez incompréhensible à mon sens pour les territoires non reconnus qui ont émergé de l'éclatement de l'ex-URSS. Après tout, chacun son plaisir coupable. Bref, Julien est loin d'avoir le profil typique du traître.

Dans son livre *Les Moujiks*, Romain Mielcarek interroge un certain Jacques, ancien chercheur reconverti dans le privé, qui analyse avec une grande finesse le profil de ceux qui se compromettent pour les beaux yeux de la Mère Russie. Selon lui, « il y a un groupe de Français qui courent derrière les Russes, ce sont ceux qui n'ont pas réussi à s'incruster derrière les Américains. Ils n'ont pas fait les meilleures études, ils n'ont pas eu les meilleures places. Ils ne peuvent pas être atlantistes car les places sont chères. Tu veux être un traître au profit de l'Ouest ? Il faut être de haut niveau. Si ce n'est pas le cas, tu t'improvises gaulliste et patriote et tu vas traîner à l'ambassade de Russie[1]. »

« Meeting Russia »

Si j'ai appelé Julien, c'est parce que j'ai été quelque peu étonné de voir sa tête dans le trombinoscope public des personnes ayant participé, en 2018, à une campagne d'influence russe « en partie financée par le FSB », selon les mots du FBI (le vrai cette fois).

« Évidemment, à l'époque je n'étais pas au courant de tout ça[2]. » Comme de très nombreux jeunes chercheurs ou jeunes journalistes, Julien reçoit courant 2018 un mail de la part d'une prétendue ONG russe, PICREADI, qui l'invite à passer quelques jours à Moscou afin d'assister aux conférences dans le cadre de son programme « Meeting Russia ».

1. Romain Mielcarek, *Les Moujiks*, *op. cit.*, p. 58.
2. Entretien avec l'auteur, mai 2023.

Le but officiel, selon l'ONG, est de favoriser « un dialogue productif entre la nouvelle génération de dirigeants » et d'« attirer l'attention sur les points critiques des relations de la Russie avec les États-Unis et l'Union européenne ». Officieusement, ces invitations ont surtout pour but de recueillir du renseignement sur les invités, et d'identifier ceux qui sont sensibles aux récits du Kremlin afin de pouvoir les solliciter si besoin. Un investissement sur l'avenir qui prend du sens quand on constate qu'un des invités, à l'époque étudiant, occupe aujourd'hui un poste important au ministère de la Défense suisse.

Julien accepte l'invitation car « après tout, c'est l'occasion de passer quelques jours à Moscou. Cela peut toujours être instructif pour quelqu'un qui s'intéresse à la Russie ». Et « s'il y a moyen de se jeter quelques verres à l'œil pourquoi pas ». Cette réflexion est partagée par une autre chercheuse, qui explique que, même si les conditions ne sont pas idéales, « c'est toujours l'occasion de faire du terrain ». Du côté des journalistes, un autre participant se rappelle avoir été « surpris de cette invitation » même s'il s'« intéressait à l'Ukraine depuis quelque temps ». S'il s'y est rendu, c'est « par curiosité », en se disant que s'il se faisait « tamponner » par un service de renseignement russe, ce serait toujours une histoire de plus à raconter.

Tous décrivent le même schéma. Des visas pris en charge, un hôtel « type Ibis » situé en banlieue de Moscou, et des trajets en bus du point A au point B. On est loin du séjour destiné à impressionner, avec palaces moscovites et caviar à volonté. « Il y avait un plutôt bon niveau général et, surtout, les gens qui étaient conviés avaient vraiment des points de vue très différents. On est loin du cliché où ils n'auraient invité que les fans de Poutine », se remémore un invité, semblant oublier qu'il n'y a guère d'intérêt à convier des prosélytes du Kremlin à ce genre de séance. Après deux ou trois jours, chacun rentre dans ses pénates et garde pour souvenir quelques photos des événements, consultables sur le site web de PICREADI.

Ces petites journées moscovites auraient pu tomber dans l'oubli mais voilà que, en avril 2023, le FBI communique publiquement et qualifie ces voyages comme faisant partie d'une opération d'influence financée en partie par le FSB, et comme « un effort de plusieurs années visant à influencer les opinions des futurs dirigeants des États-Unis pour le compte du gouvernement russe ». Dans la foulée, le FBI place la dirigeante de PICREADI, Natalia Burlinova, dans sa liste des personnalités russes les plus recherchées, aux côtés d'Evgueni Prigojine et d'autres agents et officiers de renseignement russes. Elle est accusée d'avoir « recueilli des renseignements pour Moscou » lors de son séjour aux États-Unis et de mener un travail de renseignement pour le compte du FSB avec son ONG, en recueillant et transmettant les informations personnelles et professionnelles des participants de Meeting Russia. Des allégations que Burlinova a contestées sur Twitter, dénonçant « des actes de provocation et de spéculation dans les médias de masse ».

Ces accusations du FBI n'ont pourtant pas surpris d'autres membres russes de PICREADI. Interrogé, l'un d'entre eux explique « ne pas être tombé de sa chaise[1] » quand il a appris

1. Entretien avec l'auteur, mai 2023.

la nouvelle et regrette les dégâts d'image pour le monde de la recherche en Russie. Un autre, un peu dépité, ose : « Vous vous attendiez à quoi ? C'est la Russie. »

Ces accusations ont tout de même fait l'effet d'une douche froide pour les anciens invités de l'ONG russe. Sur une dizaine de personnes interrogées, la plupart ont confié leur stupeur et préfèrent garder profil bas, de peur que leur participation puisse nuire à leurs carrières. « Au vu de leurs études et de leurs métiers, jouer la carte du "je ne savais pas" est un peu facile. Il faut vraiment être pas très malin pour se faire avoir comme ça[1] », souffle, exaspéré, un chercheur sur la Russie qui préfère garder l'anonymat pour ne pas se brouiller publiquement avec des collègues.

Julien, embarrassé comme ses compères de galère, s'amuse quand même de la situation : « Non seulement ils t'invitent pour te compromettre mais en plus ils ne sont pas foutus de payer les billets d'avion. C'est moche, quand on y pense. »

Mais cette opération d'influence n'avait pas uniquement pour but de recruter des gens sur le long terme. Alors que je l'interroge sur les quelques jours passés à Moscou, une anecdote refait surface dans les souvenirs de Julien. Lors d'une soirée censée être réservée aux étrangers, un homme vient le voir, insistant pour lui présenter sa petite amie. La trentaine, en costume et avec une barbe bien taillée, il se présente comme un officier de renseignement russe. Sur le moment, Julien met cette affirmation sur le compte de l'humour. Après tout, quel officier de renseignement irait se

1. Entretien avec l'auteur, mai 2023.

présenter comme tel ? Mais avec le recul et les révélations du FBI, la scène prend un tout autre sens pour le Français. La petite amie en question s'avance et se présente. Elle s'appelle Alexandra. Alexandra Fokina.

Une brillante élève

« Il voulait me la présenter car elle avait eu la chance d'être prise à Sciences Po Paris pour un échange étudiant. Il m'a demandé si je pouvais lui faire découvrir un peu la capitale et lui présenter des gens. » Un tamponnage en bonne et due forme.

« Et tu l'as fait ? »

« Pire que ça, je l'ai même invitée à manger chez mes parents ».

Alexandra Fokina, une petite blonde dans sa vingtaine, est une jeune et brillante étudiante en relations internationales à l'École des hautes études en sciences économiques de Moscou. À Sciences Po Paris, elle continue de travailler sur ce qui semble être son sujet de prédilection : le contre-terrorisme en Afrique de l'Ouest. Pendant son séjour en France, elle signe même un article dans la prestigieuse revue *Orient XXI*, sobrement intitulé « La politique marocaine de lutte contre le terrorisme et ses angles morts ». Interrogé sur cette publication, le directeur de la revue, Alain Gresh, explique qu'« elle travaillait sur le terrorisme et il me semblait intéressant d'avoir un point de vue russe sur le sujet[1] ».

1. Entretien avec l'auteur, mai 2023.

A-t-elle été recommandée par un tiers ? Quatre ans plus tard, impossible pour le directeur de s'en souvenir.

Heureusement, si les mémoires sont défaillantes, Internet n'oublie rien. De cette période, Alexandra Fokina a conservé quelques souvenirs sur ses réseaux sociaux. Les traces qu'elle a laissées visibles montrent la vie banale d'une jeune femme qui découvre la vie étudiante à Paris. Des amis, des soirées, une visite au Sacré-Cœur… Rien de suspect.

Après Sciences Po, Alexandra a continué ses études à l'université de Tel-Aviv, où elle décroche son Master avec les honneurs. Après ses études, la voilà prise en stage dans une petite entreprise d'OSINT (Open Source Intelligence) à Bruxelles, où elle a laissé un très bon souvenir. Le responsable se souvient d'une jeune femme « particulièrement intelligente qui faisait du bon travail et avait en plus l'avantage certain de parler parfaitement russe. Un atout pour l'entreprise, surtout depuis l'invasion de l'Ukraine[1] ». En 2023, sans doute grâce à l'étiquette « Sciences Po » habilement laissée dans son CV, elle décroche un poste au bureau londonien d'une des plus grandes entreprises françaises de sécurité privée, qui œuvre particulièrement sur le continent africain. Logique, étant donné son domaine d'étude.

À première vue, la trajectoire semble limpide. Certes, elle s'est trouvée dans une soirée réservée aux étrangers, financée par le FSB. Certes, son petit ami se présentait comme un membre d'un service de renseignement. Certes, son domaine d'étude n'est pas étranger aux enjeux du retour de la Russie en Afrique. Mais chacun est libre d'étudier ce

1. Entretien avec l'auteur, mai 2023.

qu'il veut et de fréquenter qui il veut. Par ailleurs, Sciences Po ou la DGSI ont sans doute effectué un petit contrôle de sécurité avant son arrivée. De même que l'université de Tel-Aviv, ou les entreprises qu'elle a pu intégrer après ses études.

Une espionne russe à Sciences Po

Pour achever de se convaincre, on pourrait aussi citer ses quelques publications hostiles à la guerre en Ukraine, qu'elle laisse à la vue de tous sur LinkedIn, ou le fait qu'elle n'hésite pas à citer le collectif d'investigation britannique BellingCat, qui a exposé bon nombre d'officiers de renseignement russes.

Mais il y a une dernière chose à vérifier.

En février 2023, le *Washington Post* a publié une enquête sur la chute d'un ancien haut gradé du FBI, Charles McGonigal[1]. L'homme, chargé de la division du contre-espionnage du bureau de New York, est accusé d'avoir aidé l'oligarque russe Oleg Deripaska, visé par des sanctions américaines et réputé proche de Poutine, à échapper aux sanctions. Entre les deux personnages se situe un troisième acteur, réputé pour être un officier du renseignement russe : « Agent-1 ». Derrière ce nom de code se cache en réalité Evgeny Fokin, le père d'Alexandra Fokina.

Pendant leur coopération, McGonigal a joué de son influence pour sécuriser un stage à la fille de Fokin à la

1. Shane Harris, Rosalind S. Helderman et Catherine Belton, « Former FBI agent's side work puts bureau under new scrutiny », *The Washington Post*, 13 février 2023.

police de New York. De quoi attirer les soupçons au sein de la fameuse NYPD. Plus tard, un sergent de police chargé de la former signale qu'elle s'est vantée d'avoir une relation inhabituellement proche avec un agent du FBI, grâce auquel elle aurait pu consulter des dossiers confidentiels de la police fédérale américaine. Contactée par les journalistes du *Washington Post*, Alexandra Fokina n'a pas répondu à leurs sollicitations, mais a effacé toutes les traces numériques de ce stage à New York. N'en reste publiquement que l'article du prestigieux journal, et des mentions de son nom dans un des dossiers les plus explosifs aux États-Unis. Alexandra n'est, au final, peut-être pas une étudiante comme les autres.

Les pièces du puzzle commencent à raconter une autre histoire que celle qui est donnée à voir par la jeune femme sur ses réseaux sociaux. Elle est la fille d'un officier du SVR impliqué dans un des plus grands scandales de corruption aux États-Unis.

Pour se rassurer, on pourrait se dire que la fille n'est en rien responsable des choix de carrière de son père, mais voilà qu'après son stage elle se retrouve au cœur d'une opération d'influence financée par le FSB à Moscou. Et pendant une soirée, un homme qui se présente comme son petit ami et se dit officier de renseignement russe tamponne un chercheur français pour qu'il lui fasse faire le tour de Paris.

Les soupçons deviennent un peu pesants. On aurait presque envie de citer le test du canard, popularisé à l'époque du maccarthysme aux États-Unis : « Si cela ressemble à un canard, si cela nage comme un canard et si cela fait des bruits comme un canard, alors c'est probablement un canard. »

Le fin mot de l'histoire vient de l'autre côté de l'Atlantique. Dans un court message, parvenu par le biais d'un intermédiaire, une source confirme d'abord qu'Evgeny Fokin était bien un agent du SVR, et mentionne tous ses lieux d'affectation. D'abord, San Francisco en clandestin, puis Londres, cette fois officiellement. Il fait ensuite un tour à New York, où il rencontre McGonigal, et travaille même pendant un temps pour l'ONG russe de défense des droits de l'homme OVD. Cette carrière internationale semble s'interrompre le 24 février 2022, quand il retourne à Moscou.

Et la fille ? A-t-elle marché dans les pas de son père ? La réponse de la source dans le même message est encore plus laconique : « Vrai ».

Interrogés, Alexandra et son soi-disant petit ami n'ont jamais répondu aux demandes d'interviews. Depuis, Alexandra Fokina se dit « analyste indépendante ». Le 23 septembre 2023, une dépêche de la très prestigieuse Associated Press la présente même comme « experte de l'Afrique ».

Comment expliquer le parcours de cette jeune femme en France ? Comment imaginer qu'elle ait pu être acceptée à Sciences Po sans aucune difficulté ? L'institution parisienne, interrogée, n'a jamais répondu aux questions, malgré de très nombreuses sollicitations. Un enseignant sur place, qui préfère garder l'anonymat, tire un jugement sévère. Pour lui, « la maison est un gruyère, il n'y a strictement aucun contrôle, je ne compte plus le nombre d'étudiants que j'ai pu voir passer au fil des années dont je soupçonne qu'ils n'étaient pas qu'étudiants[1] ! ». Un constat que corrobore une ancienne

1. Entretien avec l'auteur, mai 2023.

étudiante dans la même école, qui souhaite elle aussi garder l'anonymat : « Il y a un problème général à Sciences Po, qui ne concerne pas uniquement ceux qui débarquent sur les bancs à Paris, mais aussi ceux qui sont exportés à l'étranger dans le cadre de ces échanges étudiants[1] », souffle-t-elle. À son époque, elle aussi a eu la chance d'aller passer quelque temps dans la capitale russe. Elle se souvient bien de ses camarades masculins, qui ne rencontraient pas beaucoup de succès avec les femmes en France, et qui se retrouvaient à Moscou à fréquenter des femmes magnifiques qu'ils n'auraient jamais rêvé approcher à Paris. De quoi faire tourner la tête de certains, qui ont fini « par développer une étrange passion pour la Russie lors de leur retour en France », selon l'ancienne étudiante.

Interrogé sur le recrutement d'Alexandra Fokina, un haut cadre de l'entreprise de sécurité privée qui l'a embauchée début 2023 explique que « l'étiquette Sciences Po sur un CV permet de calmer les soupçons des recruteurs ». Le passage de la jeune femme dans l'entreprise sera bref. « Nous n'avons pas renouvelé sa période d'essai et l'avons cantonnée à des tâches mineures dans l'entreprise après avoir pris connaissance de l'article du *Washington Post*, paru quelques semaines après son recrutement[2] », affirme-t-il.

Quelles leçons tirer de cette histoire et du parcours d'Alexandra Fokina ? Le constat qui saute aux yeux, si elle est bien membre du SVR, est qu'elle ou son service ont eu l'intelligence de s'engouffrer dans les failles d'un système

1. Entretien avec l'auteur, mai 2023.
2. Entretien avec l'auteur, mai 2023.

français qu'ils connaissent bien. L'autre constat est que les opérations d'influence russes peuvent aussi servir de tremplin à des actes d'espionnage bien plus classiques.

Mais comment expliquer qu'une jeune femme dont le père est un membre notoire du SVR et qui étudie le contre-terrorisme en Afrique de l'Ouest paraisse innocente au point de pouvoir pénétrer une institution qui forme les élites françaises de demain ? Comment expliquer qu'une simple ligne « Sciences Po » sur un CV puisse désamorcer tous les soupçons d'une grande entreprise de sécurité privée ? Et enfin, comment expliquer la naïveté de ceux qui se disent surpris d'apprendre que l'événement auquel ils ont été conviés à Moscou ait été une opération financée par le FSB ?

À la fin du troisième chapitre de ce livre, on se demandait si la France d'aujourd'hui était devenue moins poreuse aux opérations d'influence que celle de la guerre froide. Le parcours d'Alexandra Fokina permet d'émettre un doute raisonnable.

II

La contre-influence française

11

La traversée du désert

« Soyons honnêtes, lorsque l'on évoquait le risque lié aux manipulations de l'information par les Russes auprès des décideurs il y a une dizaine d'années, on était vu comme un oiseau de malheur ou un gentil rêveur qui n'était jamais sorti de la guerre froide[1] », explique un chercheur sur la Russie qui demande à garder l'anonymat.

Pour comprendre les actions menées aujourd'hui par la France en matière de lutte contre les opérations d'influence étrangères, un retour en arrière s'impose. Lorsque l'on pose la question du passé de la France dans cette lutte à des chercheurs ou des experts, le constat paraît sans appel. La France a eu un « retard à l'allumage », tardant à prendre en compte cette menace. Ce constat n'est pas toujours partagé par certains membres de la fonction publique désireux de défendre leur paroisse. Peut-être l'opposition des seconds aux premiers explique-t-elle que la plupart des spécialistes interrogés aient requis l'anonymat. Beaucoup, parmi eux,

1. Entretien avec l'auteur, juin 2023.

craignent les conséquences que pourrait avoir une parole jugée trop libre sur leurs carrières ou leurs relations avec des représentants de l'État.

Retard à l'allumage

Les interlocuteurs s'accordent quand même dans leur immense majorité sur la « naïveté » dont ont fait preuve les différents chefs d'État français vis-à-vis de la Russie de Vladimir Poutine. À l'exception de François Hollande, tous les présidents français qui l'ont connu semblent avoir été atteints du « syndrome des paupières lourdes ». Ils ont fermé les yeux sur la nature même du régime de Vladimir Poutine, et ont refusé de voir la barbarie du régime russe en Tchétchénie, en Géorgie, en Ukraine ou en Syrie. Ils ont ignoré les ambitions impérialistes du maître du Kremlin qui, déjà en 2005, qualifiait l'effondrement de l'URSS de « plus grande catastrophe géopolitique du siècle dernier ». Enfin, ils ont aussi détourné le regard ou se sont contentés de légères critiques quand la Russie assassinait sur le territoire européen, ou éliminait les journalistes ou les opposants sur son propre sol.

À la dure réalité, les gouvernements successifs ont préféré les thèses largement diffusées en France par les soutiens de Vladimir Poutine. Par naïveté ou cynisme, ils ont cru au fantasme de « la Russie éternelle », « alliée naturelle de la France », avec qui elle partage « des siècles d'histoire ». Un mythe qui s'appuie sur des discours où sont célébrées la « civilisation » ou la « religion », et dont la vacuité est dissimulée par une rhétorique antiaméricaine. Qu'importe ce que pouvait faire la Russie, l'heure n'était pas à la confrontation idéologique et politique, mais à la « normalisation » des relations et au business avec cette nouvelle économie de marché.

Fin de l'Histoire

La naïveté de nos élites n'a pas seulement été nourrie par les zélateurs de Poutine. Elle a également prospéré à partir de thèses précises, dont celle de Francis Fukuyama, qui prophétisait « la fin de l'histoire » en 1989[1].

Dans un article resté célèbre, ce conseiller de l'administration Reagan décrivait le futur triomphe du modèle démocratique dans tous les pays du monde après l'effondrement de l'URSS. La fin du communisme marquerait une nouvelle ère de paix, rendue possible par le libéralisme. « On sous-estime encore beaucoup le mal qu'a pu faire cette théorie », confie le directeur d'une ONG, qui pointe que l'émergence de cette thèse coïncide avec les années de formation de nos « élites » actuelles. Pour les admirateurs français de la « Sainte Rodina[2] », les crimes de Poutine et la tentation impérialiste de la Russie postsoviétique seraient assimilables aux spasmes post mortem d'un corps que le miracle de la mondialisation devrait finir par apaiser. Trente ans plus tard, on mesure à quel point la « fin de l'histoire » n'a pas eu lieu.

1. Francis Fukuyama, « La Fin de l'histoire ? », *Commentaire*, vol. 47, n° 3, 1989.

2. La Sainte Patrie, en russe.

En parallèle, Samuel Huntington, professeur de Fukuyama, publiait un article dans le magazine *Foreign Affairs* intitulé « Le Choc des civilisations ». Selon cette thèse, le monde de l'après-guerre froide serait divisé en huit civilisations qui s'affrontent sur la base de clivages non plus idéologiques, mais plutôt culturels (dont religieux). Les civilisations qui se ressemblent sont amenées à se rapprocher, quand celles qui ne partagent pas les mêmes idées s'éloignent. Cette thèse, très controversée, a fait les choux gras de la droite et de l'extrême droite en France et a gagné en popularité après les attentats du 11-Septembre. La « guerre contre le terrorisme », couplée à la thèse de Huntington, a servi de marchepied pour justifier ce fameux « rapprochement avec la Russie ».

Il faut dire qu'entre la remise de la grand-croix de la Légion d'honneur à Vladimir Poutine par Jacques Chirac en 2006, la vente des navires de guerre Mistral à la Russie par Nicolas Sarkozy en 2011, ou le discours d'Emmanuel Macron à Brégançon en 2019 affirmant croire « à l'Europe qui va de Lisbonne à Vladivostok », la marge de manœuvre paraît bien mince pour qui voudrait alerter le pouvoir politique sur la vraie nature du régime de Poutine, ou le risque que font peser les mesures actives russes en France.

La lucidité de François Hollande

Seul François Hollande n'a pas été frappé d'angélisme. Tout comme son administration, il a pourtant entendu le chant des sirènes de la normalisation. Pour revenir sur son expérience, il donne rendez-vous dans ses bureaux situés dans un bel immeuble haussmannien, en plein centre de Paris. Un rendez-vous qu'il juge « normal » dans la mesure où « une guerre fait rage sur le sol européen » et à l'heure où les démocraties occidentales « sont menacées » par le régime de Vladimir Poutine[1]. Un danger dont l'ancien chef d'État français a pu voir les prémices. Entre la guerre en Syrie et l'invasion de l'Ukraine en 2014, François Hollande a constaté le raidissement progressif d'un Vladimir Poutine qui assumait de plus en plus la confrontation avec l'Europe.

Au début de son mandat, les relations avec la Russie n'étaient pas mauvaises, mais « à partir de l'été 2013 », elles se sont dégradées. Avec l'attaque chimique de la Ghouta en Syrie, le Kremlin a montré qu'il était « viscéralement attaché au maintien de Bachar el-Assad » et a « fait comprendre qu'il n'y aurait pas de solution politique au règlement du conflit ».

C'est pendant cette période de montée des tensions entre Paris et Moscou que le président français se souvient avoir constaté pour la première fois l'évolution de « la droite politique » sur le dossier syrien : malgré les crimes de guerre, beaucoup assuraient que « l'on avait tort de s'acharner sur le président syrien. [...] C'était la propagande russe qui était à l'œuvre et qui essayait de faire croire que Bachar el-Assad luttait contre le terrorisme et qu'il n'était pas forcément l'ennemi principal », se souvient François Hollande.

Ce discours a en effet été repris par de nombreux représentants de la droite ; peu importait que Bachar el-Assad ait

1. Sauf mention contraire, les citations suivantes sont extraites d'un entretien avec l'auteur, le 11 juillet 2023.

lui-même ordonné la libération de centaines d'islamistes, manœuvre qui visait à phagocyter l'opposition syrienne, mais aussi à assurer sa position de pouvoir en imposant un vicieux chantage à l'Occident : « Après moi, le chaos. » À ce narratif, il faut ajouter celui de la Russie comme alliée naturelle. « Ce sont là des discours qui existent et que l'on écoute. Mais les tenir, c'était ne pas comprendre l'évolution de Vladimir Poutine », assure François Hollande.

Cette évolution allait conduire le chef d'État russe, de plus en plus belliqueux et enhardi face à l'inaction de l'Occident en Syrie, à envahir militairement l'Ukraine en 2014. Face à cet acte d'agression sans précédent, le président français décide d'annuler la livraison des navires de guerre Mistral à la Russie, dont les contrats avaient été signés par son prédécesseur, Nicolas Sarkozy. La rupture de ces contrats n'a pas vraiment occasionné de résistance en interne, même si « cela ne faisait pas plaisir à l'administration des finances, le ministère des Armées ou NavalGroup ». Mais « l'acte était si grave que la décision s'est naturellement imposée », se remémore le président.

En revanche, là encore, « la pression a été politique et venait de l'extrême droite, de la droite et d'une partie de la gauche ». À cette occasion, Marine Le Pen avait déclaré que la France n'était « pas le caniche des États-Unis » et devait respecter la parole donnée à la Russie. Nicolas Sarkozy, lui aussi, marquait son opposition à cette annulation et décrivait la Russie comme un « partenaire naturel ». Jean-Luc Mélenchon était peut-être le plus virulent : « En décidant de renoncer à la livraison des navires acquis par la Russie, François Hollande commet une trahison insupportable qui dévalorise totalement la parole donnée par notre pays et raye la France comme fournisseur indépendant de matériel de défense. Mesure sans signification militaire dans le conflit actuel, cette décision achève la vassalisation de notre pays à la main des USA et de la politique belliqueuse de l'OTAN[1] ».

« Les années s'étant écoulées, et l'acte d'invasion en 2022 étant suffisamment choquant, plus personne ne semble se rappeler ses déclarations », s'amuse aujourd'hui l'ancien locataire de l'Élysée.

Mais les ingérences russes étaient-elles vraiment prises au sérieux à l'époque ? Sur le territoire national, « les services de renseignement avaient alerté à diverses occasions, notamment pour des actions menées dans le domaine cyber, mais aussi sur l'élection présidentielle de 2017 ». Un regret toutefois : « Nous avons manqué de lucidité sur le travail d'influence que menait la Russie sur les sociétés africaines sur les réseaux sociaux. » Aujourd'hui comme hier, pour François Hollande, la Russie est un « pays dépourvu d'idéologie depuis la fin du communisme mais qui a l'habileté d'utiliser celle des autres pour arriver à ses fins ».

Les tolérances d'Emmanuel Macron

Cette analyse n'était peut-être pas partagée par son successeur, Emmanuel Macron, au début de son mandat. En se remémorant les premières années du premier quinquennat

1. « La suspension de la vente du Mistral suscite un concert de réactions disparates », *Les Echos*, 4 septembre 2014.

Macron, François Hollande s'interroge : « Peut-être qu'après mon départ certains visiteurs du soir et quelques personnalités ont été plus écoutés que lors de mon mandat. Cela a possiblement joué un rôle dans les premières décisions d'Emmanuel Macron et sa volonté de normaliser les relations avec Poutine. » En référence au discours de Brégançon et à l'adresse aux diplomates, une semaine plus tard, l'ancien président estime dans un langage très diplomatique que « comme souvent, ce ne sont pas tellement les lieux qui posent problème, c'est ce qui y est dit ».

La différence entre les politiques de François Hollande et d'Emmanuel Macron face à la Russie est impressionnante. Elle n'est cependant pas surprenante pour qui se souvient que l'actuel président a fait ses classes en politique au côté de Jean-Pierre Chevènement dans les années 1990. L'ancien ministre est une figure de proue de cette frange de la gauche qui se veut antiatlantiste et russophile, affirmant sans hésitation que « la Crimée est historiquement russe[1] », un point de vue très en phase avec la propagande du Kremlin. Comme le rappelle la journaliste Isabelle Lasserre dans son livre *Macron-Poutine, les liaisons dangereuses*[2], c'est ce même Chevènement qui a été décoré en 2017 de l'ordre de l'Amitié par Vladimir Poutine, lors d'une cérémonie qui s'est tenue au Kremlin.

Avec un tel maître en matière de relations internationales, on comprend mieux la volonté de rapprochement avec la Russie des premières années du quinquennat Macron.

1. Vincent Jauvert, « Chevènement peut-il encore représenter Fabius en Russie ? », *L'Obs*, 8 mars 2014.

2. Éditions de l'Observatoire, 2023.

À peine élu, le 29 mai 2017, il convie Vladimir Poutine à Versailles à l'occasion d'une exposition consacrée à Pierre le Grand. Grâce à un certain sens du « en même temps », le président français exécute un numéro d'équilibriste en posant les conditions d'un *reset* des relations France-Russie, sans épargner les « agents d'influence et de propagande mensongère », c'est-à-dire les employés de Russia Today et de Sputnik. À l'issue de ce rendez-vous, Macron évoque la création du Dialogue de Trianon, un « forum des sociétés civiles » franco-russes, afin de renforcer le dialogue entre les jeunesses et le monde de la recherche des deux pays.

« C'était purement cosmétique », « Ça n'a jamais rien donné de concret et, franchement, ce n'était pas le but[1] », se souviennent des proches du dossier. Du Dialogue de Trianon ne reste aujourd'hui qu'un site web « en maintenance » depuis le début de la guerre en Ukraine. En fouillant un peu, on tombe quand même sur une photo d'un propagandiste prorusse notoire accompagné d'un ancien combattant du Donbass fiché S. Gênant. Mais à l'époque, la rencontre à Versailles est considérée comme un succès. Comme le note à juste titre Isabelle Lasserre, « personne en France n'a trouvé à y redire ».

La suite est moins glorieuse. Surtout si on la regarde avec les lunettes du monde de 2023. Avant la tenue du G7 de Biarritz, en 2018, le président français a essayé de réintégrer la Russie à ce petit club très fermé qui l'avait ostracisée après l'agression de l'Ukraine en 2014. De surcroît, contrairement à bon nombre des alliés de la France, après

1. Entretiens avec l'auteur, mai 2023.

l'empoisonnement de Sergueï Skripal au Royaume-Uni, Macron n'a pas boycotté la Coupe du monde de football de 2018 en Russie : il se trouvait même dans la loge VIP pour assister à la victoire de l'équipe de France. En 2019, c'est également Paris qui organise le retour de la Russie dans l'Assemblée parlementaire du Conseil de l'Europe.

L'apothéose de cette bien vaine tentative de rapprochement a lieu au fort de Brégançon, à l'été 2019. Vladimir Poutine est alors l'invité du président français. Là encore, Emmanuel Macron essaye d'imposer son très solitaire « dialogue stratégique », décrivant la Russie de manière, il faut l'avouer, assez audacieuse. « La Russie est européenne, très profondément », explique-t-il. Elle est même « une grande puissance des Lumières. [...] Elle a sa place dans l'Europe des valeurs auxquelles nous croyons. » Les journalistes et opposants russes ont dû apprécier. Bon nombre de diplomates français ont dû s'étrangler, avant de s'évertuer à justifier auprès des alliés de la France la position du président.

Lors de la conférence des ambassadeurs qui s'est tenue à l'Élysée la semaine suivant la rencontre de Brégançon, le président a enfoncé le clou, fustigeant « l'État profond » cherchant à freiner ses projets de normalisation des relations avec Poutine – une rhétorique directement empruntée aux populistes et à Donald Trump en particulier, censée rappeler à l'ordre les esprits qui n'auraient pas perçu la Russie comme « profondément européenne ». Et qu'importent les compétences ou l'expertise des diplomates dans la salle, qui ont pourtant une expérience certaine du dialogue avec Moscou. « Les experts ne sont experts que de ce qui existe déjà », assène alors Macron. Fier de son petit coup de poing sur la table, le locataire de l'Élysée lâche à ses conseillers après la conférence : « Ah ! Je les ai calmés[1] ! »

Quelques mois plus tard, rendez-vous était pris dans une élégante brasserie parisienne avec un proche d'Emmanuel Macron. Face à l'incrédulité qui devait se lire sur mon visage lorsque l'épisode de Brégançon a été abordé, le conseiller a souligné la présence de la frégate *Languedoc*, qui mouillait dans la baie en contrebas du fort. « [Le président] a quand même mis sous le nez de Poutine le navire qui avait tiré des missiles contre des installations du régime syrien, ce n'est pas rien ! » a-t-il affirmé dans un exercice de service après-vente parfaitement maîtrisé.

On pourrait encore enfoncer le clou en revenant sur les déclarations désastreuses du chef de l'État qui, au début de l'invasion russe de l'Ukraine, appelait « à ne pas humilier la Russie[2] », mais la coupe est pleine. Non seulement le rapprochement avec la Russie n'a jamais eu lieu, mais le président français a de surcroît hérité du surnom de « Macrontchik », « le petit Macron », de la part de Vladimir Poutine, qui n'a jamais vu en lui qu'un adversaire. Cependant, dresser le portrait d'un Emmanuel Macron tout à fait naïf sur la question des relations avec la Russie reviendrait à oublier que c'est bien sous son premier mandat que la lutte contre les manipulations de l'information de l'étranger est devenue un vrai sujet de préoccupation des pouvoirs publics, souvent sous son impulsion.

1. Isabelle Lasserre, *op. cit.*
2. Entretien accordé à plusieurs quotidiens régionaux, 4 juin 2022.

La prise de conscience

À quel moment le déclic a-t-il enfin eu lieu? Pour les observateurs les plus optimistes, l'élection présidentielle américaine de 2016, parasitée par la tentative d'ingérence russe, a marqué une étape. Selon d'autres, il a fallu attendre l'affaire des MacronLeaks et la campagne présidentielle française de 2017. Une réponse un peu facile qui cherche à faire croire que les décideurs ont pris le sujet à bras-le-corps d'entrée de jeu sans même attendre d'être aux responsabilités. Comme on le verra par la suite, cette thèse est hautement contestable. Chez les militaires, on s'accorde généralement à évoquer la publication, en 2018, du rapport du Centre d'analyse, de prévision et de stratégie (CAPS) et de l'Institut de recherche stratégique de l'École militaire (IRSEM), intitulé «Les manipulations de l'information – un défi pour nos démocraties». Mais au Quai d'Orsay, un haut fonctionnaire, fin connaisseur du dossier, évoque quant à lui l'année 2020, avec l'assassinat de Samuel Paty et les manipulations de l'information qui ont suivi pour présenter la France comme un État raciste dans le monde musulman. Une piste intéressante, quand on sait que c'est cet attentat qui décidera Emmanuel Macron à lancer les prémices de ce qui allait devenir le service technique et opérationnel de l'État chargé de la vigilance et de la protection contre les ingérences numériques, Viginum.

Une chose est sûre, cette prise de conscience tardive a été coûteuse. Selon Alexandre Alaphilippe, directeur d'EU DisinfoLab, «comme pour le nucléaire, il y a eu une vraie déperdition du savoir que l'on avait accumulé pendant la guerre froide en matière de lutte contre les opérations d'influence[1] ».

Le retard à rattraper est grand. Très grand. Pour reprendre les mots de l'ancien Premier ministre Jean-Pierre Raffarin, décoré en 2019 de la médaille de l'amitié par le président chinois Xi Jinping (une décoration qu'il partage d'ailleurs avec Vladimir Poutine) : « La route est droite, mais la pente est forte. »

1. Entretien avec l'auteur, juin 2023.

12

Du vertical à l'horizontal

Comment les démocraties peuvent-elles lutter efficacement contre les manipulations de l'information ?

Le problème est loin d'être simple. Comme on l'a vu, les opérations d'influence russes ne reposent pas sur un moyen d'action unique.

Influenceurs, constellations de faux sites web d'actualité, idiots utiles, agents d'influence, fausses ONG, recours croissant aux mercenaires d'influence... On est loin de la vision simpliste largement diffusée sur les plateaux de télévision, qui tend à résumer les opérations d'influence russes à l'action de quelques trolls sur les réseaux sociaux.

Pour les démocraties, la lutte est même complètement asymétrique, puisqu'il s'agit de lutter contre des régimes autoritaires ou dictatoriaux qui n'ont aucune limite éthique. Si, pour les adversaires, « tous les moyens sont bons », il ne peut pas en être de même pour des pays attachés à un État de droit et aux libertés fondamentales des citoyens. Il s'agit donc de lutter efficacement, mais sans se renier.

À vue de nez, l'équation paraît complexe. Heureusement, pour tenter de la résoudre, il suffit d'embarquer dans un Thalys, direction Bruxelles. C'est dans le quartier européen flambant neuf, au milieu des hôtels de luxe et à quelques encablures du Parlement européen, que se tient chaque année la conférence annuelle d'EU DisinfoLab. Cet événement, qui se déroule généralement sur deux jours, est le rendez-vous de tous ceux qui travaillent sur la désinformation. Une sorte de grand-messe réunissant des experts venus du monde entier, des invités de haut niveau parmi lesquels on peut citer des représentants des plus grands réseaux sociaux, des responsables de la Commission européenne, des hauts fonctionnaires français et des chercheurs de renommée mondiale.

La popularité de l'événement, et le profil sensible de plusieurs participants, ont même fini par imposer des considérations sécuritaires. Durant l'édition 2019, une jeune femme, identifiée par la suite comme une collaboratrice d'un eurodéputé, a même essayé de s'infiltrer pour subtiliser la liste des participants. Prise sur le fait, elle a été expulsée et les autorités ont été prévenues. Que voulait-elle faire de cette liste ? Le mystère reste entier.

L'incident n'a pas dissuadé les participants de revenir à Bruxelles. Au contraire, la conférence accueille de plus en plus de personnes chaque année. « On peut comparer les expériences, confronter les points de vue entre différentes nationalités. Il en ressort qu'il n'y a pas un modèle unique de lutte contre les opérations d'influence. Il y a un éventail de réponses qui s'adaptent en fonction des contextes et des particularités de chaque pays », explique un des organisateurs de l'événement.

Un consensus semble cependant se dégager : le modèle qui convainc le plus est celui adopté par des États comme Taïwan, la Finlande ou les pays baltes, qui ont tous pour point commun d'avoir un voisin un peu encombrant. Si les stratégies de lutte contre les manipulations informationnelles divergent en certains points, elles ont toutes adopté une approche inclusive pour lutter contre la désinformation et les ingérences étrangères. Cette *whole-of-society approach*, dans le jargon, implique une collaboration de l'ensemble des acteurs de la société, qu'ils soient privés ou publics, dans un cadre coopératif qui intègre et met à profit les capacités de chacun. C'est un modèle de planification coopérative qui a pour objectif, non seulement d'apporter une réponse directe aux opérations d'influence mais qui vise aussi à renforcer la « résilience » – même si le terme est éculé – globale des sociétés et citoyens qui les composent.

Très concrètement, il faut imaginer un modèle dans lequel citoyens, médias, ONG et entreprises échangent et coopèrent avec les gouvernements, les ministères, la justice, les instances parlementaires, les pouvoirs locaux et les administrations, services de renseignement inclus. Une approche horizontale, encadrée par de réelles politiques publiques, qui permet non seulement de répondre efficacement aux campagnes de désinformation, mais également d'agir en amont, en sensibilisant l'ensemble des acteurs publics et privés et les citoyens au sens large.

L'exemple taïwanais

À Taïwan, cette approche englobante prend plusieurs formes. Alors que le pays est l'un des plus touchés par les fausses informations en ligne, selon le décompte de 2021 de l'ONG Digital Society Project, le ministère de l'Éducation a inclus des cours d'éducation aux médias dans les programmes scolaires, pour apprendre aux élèves âgés de six à dix-huit ans à « utiliser efficacement la technologie, l'information et les médias de tous types ». Cet effort ne se limite pas aux écoles : le gouvernement a déployé des bus chargés de parcourir les zones rurales afin d'apprendre aux citoyens à repérer les fausses informations circulant en ligne.

Parallèlement, l'île a construit un important réseau de médias et de services en ligne dédiés à la vérification des informations. Elle s'est également dotée d'un registre public, qui répertorie les fausses informations et théories du complot circulant dans l'espace informationnel taïwanais. Un vrai écosystème de guérilla informationnelle, qui se couple parfaitement avec une communication des autorités en ligne pensée pour obtenir un maximum de viralité, avec comme maître mot la transparence. À cela, il faut ajouter une législation répressive bâtie pour contrer les ingérences chinoises en période électorale. En 2019, la « loi anti-infiltration » permet de condamner toute personne ou entité recevant le soutien de « forces hostiles de l'étranger » sous forme de dons, « dans le cadre d'une élection ou d'un référendum, de lobbying ou de perturbation d'une assemblée », à une peine pouvant aller jusqu'à cinq ans de prison et 335 000 dollars d'amende. Cette législation est accompagnée d'une politique publique de *name and shame* (« nommer et honnir ») vis-à-vis des médias soupçonnés d'être sous influence chinoise, qui semble porter ses fruits.

Scandinavie : priorité à l'éducation

La Finlande a également investi dans l'éducation aux médias depuis les années 1950. Les étudiants finlandais apprennent, dans le cadre des cours d'éducation civique, les tenants et aboutissants des plus grandes campagnes de propagande, comment les statistiques peuvent être manipulées pour coller à un discours, ou encore la différence entre la désinformation et la mésinformation. Cet apprentissage ne s'achève pas avec la scolarité. En 2020, par exemple, les bibliothèques du pays ont été subventionnées à hauteur de 2,2 millions d'euros par le ministère de la Culture pour mener à bien des activités d'éducation aux médias. Une politique efficace, puisque la Finlande a été classée comme « le pays le plus apte au monde à résister à l'impact négatif de la désinformation et de la mésinformation » selon le Media Literacy Index de 2021. Cette distinction s'explique également par le haut niveau de confiance des Finlandais envers les institutions de leur pays, ainsi qu'envers les médias locaux – un niveau de confiance qui dépasse les 80 % pour l'audiovisuel public finlandais. Ces chiffres facilitent évidemment la mise en place d'une stratégie englobante de toutes les couches de la société pour lutter contre la désinformation.

Le voisin suédois partage cette haute confiance envers les

institutions et la presse, sans doute grâce à une tradition de « l'ultra-transparence » qui remonte à 1766, date à laquelle une loi a, pour la première fois, autorisé tous les citoyens à avoir accès à tous les documents publics.

Le pays a également adapté la *whole-of-society approach*. En 2022, la Suède a créé une « Agence pour la défense psychologique » ; située à Kalmar, l'agence a pour mission, selon son site web, de protéger « la société ouverte et démocratique et la libre formation d'opinion en identifiant, analysant et répondant aux influences inappropriées et autres informations trompeuses dirigées contre la Suède ou les intérêts suédois ». Dans les faits, cela se traduit par un effort de communication et de sensibilisation des citoyens suédois quant aux risques que font peser les opérations d'influence étrangères. L'année de sa création, l'agence avait par exemple déployé sur la voie publique des messages de sensibilisation sous la forme de panneaux publicitaires, messages que l'on pouvait également retrouver dans les journaux et en ligne.

L'agence joue parallèlement un rôle opérationnel de détection des campagnes de désinformation, et de réponse à ces dernières. Elle finance également les chercheurs qui travaillent sur ces questions et soutient les médias, notamment en organisant des formations auprès des journalistes. Ainsi la Suède renoue-t-elle avec sa culture d'une « défense globale », après plusieurs décennies de démantèlement de ses forces, à la fin de la guerre froide.

En France, on est évidemment loin d'atteindre le même taux de confiance des Scandinaves envers leurs institutions. Selon le dernier baromètre de la confiance politique, réalisé par l'institut OpinionWay pour le Cevipof de Sciences Po daté de mars 2023, le niveau de défiance envers les institutions françaises a atteint son plus haut niveau depuis la crise des Gilets jaunes. 53 % des Français n'ont pas confiance en l'institution judiciaire, 81 % n'ont pas confiance dans les partis politiques, et 69 % n'ont pas confiance dans les médias. Mais ce contexte de défiance n'est pas le seul frein à l'implémentation de la stratégie *whole-of-society*. Car cette approche va à rebours de la longue tradition jacobine française.

Il faut le reconnaître, le fonctionnement horizontal n'est pas du goût de Paris. Le pays est marqué par une culture de la verticalité, renforcée par le régime de la Ve République. Pour caricaturer, les décisions partent du président de la République pour être appliquées par des fonctionnaires en bas de l'échelle de décision, avec une forte défiance pour ceux qui sortiraient du cadre. En somme, on considère que l'État peut tout faire et qu'il doit tout faire.

Changer cette culture profonde, passer à un modèle plus horizontal, est le prochain vrai défi de l'administration. Pour Alexandre Alaphilippe, « si l'on voit quand même des signes clairs qui montrent que les choses progressent, on est encore très loin de la révolution copernicienne ». Selon l'expert de la lutte contre la désinformation, en quelques années, nous sommes passés « d'une situation dans laquelle la menace n'existait pas à une situation dans laquelle elle existe, mais que l'État doit gérer. Pourtant, quand on parle de lutte contre la désinformation, l'État ne peut pas tout faire et ne doit pas tout faire. Ces nouveaux paradigmes sont violents à intégrer pour les administrations car cela les oblige à redéfinir entièrement leur travail». Pour lui, l'État doit avoir son rôle à jouer, mais il ne doit pas empêcher la société civile de jouer le sien : il doit créer «les conditions pour que les initiatives puissent se développer et se pérenniser».

Cependant, la méfiance envers la société civile est parfois justifiée. Au fil des ans, les entreprises se sont invitées de plus en plus nombreuses dans les conférences d'EU Disinfo-Lab. Au détour d'un café, le patron d'une d'elles avoue que «la reconnaissance par l'État du problème de la désinformation et des opérations d'influence» a fait émerger «une myriade d'acteurs attirés par l'odeur de l'argent public», qui essayent de faire croire aux décideurs «qu'une solution technologique, la leur généralement, est la solution à tous les problèmes». Beaucoup aussi «se pointent avec un projet qui consiste à faire des fermes à trolls», lâche au détour d'un coin de table un haut fonctionnaire.

«Vous vous rappelez les escrocs qui ont émergé à la suite des vagues d'attentats en France et qui essayaient de vendre des programmes de déradicalisation? C'est exactement la même chose avec la désinformation. L'expression d'un besoin par l'État attire systématiquement les rapaces», conclut l'entrepreneur, un sourire au coin des lèvres.

13

Viginum

Le 16 octobre 2020, Samuel Paty, professeur d'histoire-géographie dans un collège des Yvelines, est poignardé, puis décapité sur le chemin de son domicile. Son assaillant, Abdoullakh Anzorov, un terroriste islamiste de dix-huit ans, est abattu par la police juste après avoir enregistré un message audio dans lequel il se félicite d'avoir « vengé le prophète ». Samuel Paty a été assassiné pour avoir montré en classe, lors d'un cours sur la liberté d'expression, des caricatures du prophète.

La task force Honfleur

Cet attentat, par sa portée symbolique, a sidéré la France et provoqué une onde de choc dans le monde entier. Peu après l'hommage national rendu au professeur à la Sorbonne en présence du président Emmanuel Macron, une campagne de désinformation venue de l'étranger a frappé la France. Confronté à ce torrent de rumeurs et de fausses informations antifrançaises, l'exécutif décide de créer une task force, baptisée Honfleur, sous la tutelle du très discret Secrétariat général de la Défense et de la Sécurité nationale (SGDSN).

Le SGDSN est un organisme interministériel placé sous l'autorité du Premier ministre. Cette administration, qui n'est pas un service de renseignement, est, en substance, le gardien des secrets de la République. Elle veille à la protection du secret-défense, délivre les autorisations d'exportations d'armes de guerre, travaille à l'adaptation des textes juridiques qui encadrent l'action des services de renseignement, élabore les plans d'interventions en cas de crises majeures. Bref, c'est un peu le saint des saints de la sécurité nationale.

La task force Honfleur a notamment lutté contre la fausse information venue du Pakistan, qui prétendait que la France tatouait les enfants musulmans. Elle a également dénoncé un compte sur les réseaux sociaux proche des autorités turques qui relayait goulument les fausses informations anti-France.

L'expérience est un succès ; Honfleur se distingue de son prédécesseur, le Comité de lutte contre la manipulation de l'information (CLMI), qui avait été créé en 2018, mais qui manquait d'une dimension purement opérationnelle. Pour continuer sur cette lancée, la task force a été transformée en une véritable agence chargée de la « vigilance et de la protection contre les ingérences numériques étrangères » : Viginum.

Les défis de Viginum

La création de Viginum a été annoncée par le patron du SGDSN, le préfet Stéphane Bouillon, en juin 2021, à l'Assemblée nationale. La structure devait être opérationnelle pour le référendum sur l'indépendance de la Nouvelle-Calédonie, en décembre 2021 ; elle était également destinée à encadrer la présidentielle de 2022, sur laquelle pesaient des risques d'ingérence, notamment de la Russie.

Dans le viseur de Viginum se trouvent tous les États susceptibles de procéder à des opérations de manipulation de l'information hostiles à la France : Russie, Turquie, Chine, mais également des organisations inscrites dans les mouvances conspirationnistes, ou l'extrême droite américaine. Deux sujets occupent également l'attention de Viginum : la guerre en Ukraine et la présence française au Sahel.

Il est difficile de se rendre compte de tous les défis qui étaient à relever et des pièges à éviter lors de la création de l'agence. Il fallait d'abord s'assurer qu'elle ne devienne pas une usine à gaz, ou une machine administrative trop lourde pour être vraiment efficace. Il fallait aussi la doter financièrement, et lui assurer un cadre réglementaire qui fixe son périmètre d'action, ni trop contraignant, ni trop large, pour préserver les libertés publiques. Enfin, il fallait faire comprendre aux citoyens les enjeux de la lutte contre les opérations d'influence, afin de justifier la création de cette agence, qui travaille sur un sujet hautement sensible.

Certains défis ont été correctement relevés. La structure est à taille humaine, puisqu'elle compte une soixantaine d'agents : experts de l'investigation numérique, du marketing digital, des sciences de la donnée, des sciences politiques et de géopolitique... Du fait de sa tutelle SGDSN, l'agence bénéficie du statut d'interministériel, ce qui lui assure une certaine agilité, et la possibilité de travailler avec tous les acteurs impliqués dans la lutte contre les opérations d'influence – du ministère des Affaires étrangères au ministère des Armées, en passant par les divers services de renseignement. Ses crédits sont plutôt importants, avec 12 millions d'euros pour l'année 2022. À titre de comparaison, le budget de l'Agence de défense psychologique suédoise dispose d'un budget de 10,4 millions pour l'année 2023.

Mais le cadre réglementaire est plus difficile à évaluer. Les missions et le périmètre d'action de Viginum sont encadrés par des textes, dont le décret n° 2021-922 du 13 juillet 2021, renforcé par le décret n° 2021-1587 du 7 décembre 2021 pour les collectes de données. Ces deux textes suscitent aujourd'hui des débats sur lesquels nous reviendrons, car ils sont cruciaux. Parallèlement, Viginum s'est pourvu d'un comité éthique et scientifique rattaché au SGDSN, composé de huit personnes issues du monde de la recherche, de la diplomatie, des médias, de la justice et de la haute administration.

Les quatre missions de Viginum

Dans les faits, Viginum a quatre missions. La première, et la plus importante, est de détecter et de caractériser les opérations de manipulations de l'information. L'agence joue également un rôle « d'animation et de coordination des travaux interministériels en matière de protection contre ces opérations » d'influence. Elle doit aussi fournir « toute information utile au Conseil supérieur de l'audiovisuel dans l'accomplissement des missions qui lui sont confiées », contribuer « aux travaux européens et internationaux » et assurer « la liaison opérationnelle et technique avec ses homologues étrangers, dans le respect des attributions du ministère des Affaires étrangères ».

Dans son audition à l'Assemblée nationale du 16 février 2023 dans le cadre de la commission d'enquête relative aux ingérences étrangères, l'ancien chef de Viginum, Gabriel Ferriol, ex-magistrat de la Cour des comptes, a détaillé la première mission de l'agence dite « d'identification et de caractérisation » : « Nous observons les réseaux sociaux et essayons de détecter des situations potentiellement inauthentiques. Nous examinons les comptes impliqués dans le débat public numérique en nous demandant s'ils appartiennent vraiment à des personnes physiques. Nous visons les contenus touchant à nos intérêts fondamentaux qui peuvent apparaître comme inexacts ou trompeurs et, par là même, traduire une manipulation de l'information. Enfin, nous essayons d'identifier les comportements anormaux, c'est-à-dire coordonnés ou aberrants. Nous visons par exemple des comptes qui ne dorment jamais, qui réagissent de façon systématique à d'autres comptes, qui s'organisent pour faire des signalements en essaim ou mettre en avant le même narratif au même moment sous diverses formes ».

Si une situation suspecte est détectée, l'agence produit d'abord un « relevé de détection » avant d'entrer dans une phase d'investigation plus approfondie : la caractérisation. Il s'agit d'un travail à la fois technique et juridique, pour déterminer si la situation observée correspond bien au périmètre d'action de Viginum. Le service doit pouvoir établir que l'opération est de nature à porter atteinte aux « intérêts fondamentaux de la nation », que son contenu est « manifestement inexact ou trompeur », que sa diffusion est « artificielle ou automatisée, massive et délibérée » et qu'elle implique de manière « directe ou indirecte un acteur étranger », qu'il soit étatique, paraétatique ou non étatique.

Le rôle de la structure est purement défensif. Comme l'explique Gabriel Ferriol dans son audition, c'est « un service d'investigation, pas de police ou de renseignement. Notre objectif est l'observation et la description des phénomènes, mais nous ne menons pas d'actions répressives. Nous ne prononçons pas de sanctions ; nous ne déférons personne devant les tribunaux. Nous travaillons uniquement avec des contenus ou des données publiquement accessibles, c'est-à-dire que tout un chacun peut observer dans le débat public numérique, sans interagir avec les participants. Les agents de Viginum ne manipulent pas d'avatars, ne rejoignent pas de groupes fermés, ne postent jamais de messages : nous restons dans une posture d'observation. Nous n'accédons pas non plus aux conversations privées ».

Dans le fond, le dernier-né du SGDSN ne fait que produire des analyses pour guider « les pouvoirs publics dans les mesures de contre-influence ou de contre-ingérence qui doivent être prises ».

Si la situation est claire sur le papier, il suffit de taper « Viginum » sur Internet pour trouver des accusations en pagaille sur un service destiné à « espionner les Français » ou qui constituerait un « ministère de la vérité de Macron ». Quand on sait à quel point les ingérences numériques étrangères sont un réel danger pour notre démocratie, on est tenté de balayer ces accusations d'un revers de main. On pourrait très bien se dire qu'elles sont le fruit de quelques conspirationnistes, ou de personnes à l'agenda politique bien sombre, et passer à autre chose. Mais ces accusations démontrent néanmoins l'échec de l'agence et plus largement des pouvoirs publics à faire comprendre son action.

Défaut de communication

Si la transparence était jugée nécessaire à sa création, force est d'admettre qu'elle n'a pas été au rendez-vous, au moins la première année, qui s'est soldée par un bilan de communication bien maigre.

« Il faut le temps que cela se mette en place », rétorquaient plusieurs agents. C'est vrai qu'il fallait leur laisser le temps de déballer les cartons, de préciser le cadre réglementaire et d'effectuer les recrutements. Mais le sujet était si sensible qu'un vrai effort de communication et d'ouverture n'aurait pas été du luxe.

À décharge, il était délicat de communiquer ouvertement pendant la campagne présidentielle française de 2022. Vu le niveau de tension politique, cela revenait à jouer à la roulette russe avec six balles dans le barillet. D'ailleurs, le service ne s'y est pas trompé, arguant qu'il avait un « devoir de discrétion » durant cette période.

En octobre 2022, cependant, l'agence a ouvert ses portes à l'émission « Complément d'enquête », qui réalisait un document sur les réseaux d'influence du Kremlin. L'émission révèle une opération sur laquelle a travaillé Viginum pendant la campagne présidentielle, qui ciblait le candidat Emmanuel Macron. Cocasse et plutôt bien pensée, la manœuvre, vraisemblablement due à la galaxie Prigojine, se déroulait en deux temps. Pendant la campagne, de nombreuses publications sont apparues sur les réseaux sociaux pour faire la promotion du « candidat Macorn » (coquille comprise). Des publications étranges, sur des pages créées au même moment, et ne fonctionnant pas le week-end. Cette fausse campagne de promotion avait pour objectif de faire croire que le candidat employait des fermes à trolls pour booster sa campagne. Le 7 avril, trois jours avant le premier tour, la deuxième phase de l'opération est enclenchée : sur le web, des articles prétendant exposer la forfaiture prolifèrent. Le lendemain de la réélection de Macron, un article est même publié par RIA FAN, « l'agence de presse » de Prigojine. Comme pour la FBI d'Ivan Karamazov, le succès n'est pas au rendez-vous. L'opération a tout de même permis à Viginum, qui l'avait détectée dès le mois de mars, de montrer son savoir-faire au public français. Merci Prigojine !

De même, l'agence a pu communiquer autour de la publication de son rapport d'activité pour son premier anniversaire. On apprenait notamment dans ce rapport que pendant la période couvrant les élections présidentielles et législatives, le service avait détecté 60 phénomènes inauthentiques, dont 12 avaient fait l'objet d'investigations approfondies. Cinq avaient finalement été caractérisés comme réunissant les critères de définition d'une ingérence numérique étrangère.

Pour se faire mieux connaître, l'agence a organisé en 2023 des « Rencontres et débats autour des manipulations de l'information ». Un événement qui a réuni plus de 300 personnes, et qui avait pour vocation, selon les mots du préfet Bouillon dans son discours d'ouverture, de renforcer les liens avec le monde universitaire et de la recherche. Une vraie démarche d'ouverture et un espace de coopération qui est aussi une ouverture à la stratégie de la *whole-of-society approach*.

Les limites de Viginum

Mais des interrogations subsistent quant à l'action de Viginum ; le premier rapport de son comité éthique et scientifique, paru fin juin 2023, en énonce certaines. D'abord, le flou qui entoure les quatre critères d'action de cette structure : à partir de quel niveau estime-t-on qu'une diffusion est « massive » ? Que des allégations ou imputations sont « manifestement inexactes ou trompeuses » ? Que l'ingérence constatée est « de nature à porter atteinte aux intérêts fondamentaux de la nation » ?

Le comité note dans son rapport que « les échanges [...] ont ainsi conduit à préciser progressivement la grille d'interprétation de chacun des critères, ce qui constitue une garantie importante aux yeux du CES ». Il n'est pas question de remettre en question la bonne foi du comité, ou celle des fonctionnaires, mais il est quand même regrettable que cette conversation se tienne exclusivement derrière des portes closes, au détriment de l'impératif de transparence.

Évoquer le périmètre d'action incite également à questionner ses limites. L'agence peut-elle travailler sur des formes d'influence numériques différentes – qui ne reposent pas sur une diffusion inauthentique, massive ou coordonnée –, comme les opérations qui ont ciblé le youtubeur Léo Grasset ? Ne suffit-il pas aux acteurs malveillants d'adapter leurs méthodes pour rester sous les radars ?

Une ligne de ce rapport attire aussi l'attention : Viginum peut récolter des données personnelles publiques sur des plateformes, dans les limites fixées notamment par le décret de décembre 2021. Si cette structure était un service de renseignement, le contrôle de cette pratique aurait été dévolu à la Commission nationale de contrôle des techniques de renseignement (CNCTR). Mais ce n'est pas le cas, la CNCTR n'a donc pas pour mandat de s'intéresser à son action. Dès lors, et certainement faute de mieux, cette tâche d'évaluation a été déléguée au comité éthique et scientifique. Une mission qui semble bien difficile à remplir pour celui-ci au regard de ses limites humaines et techniques. D'autant plus que le comité n'a qu'un rôle consultatif et ne peut émettre d'avis contraignant. Un état de fait qui interroge le comité lui-même, qui se demande s'il lui appartient de se livrer à « une évaluation générale de la mise en œuvre du traitement de données à caractère personnel que le service est autorisé à exploiter ». Cette difficulté est néanmoins à nuancer car « la CNIL effectuera en tout état de cause un tel contrôle » a posteriori.

Une dernière question mérite d'être posée. Que deviennent les rapports transmis par Viginum à ses partenaires ? Sont-ils tous suivis d'effets, de prises de décision ? Sans visibilité sur ce point, il faut se contenter du seul exemple de coordination réussie jusqu'à présent, celui entre Viginum et le ministère des Affaires étrangères, lui-même cible d'une opération d'influence russe derrière laquelle on retrouve, notamment, l'équipe à l'origine de l'opération VEUL.

14

Le Quai d'Orsay passe à l'offensive

Il y a des histoires qui commencent avec plus ou moins de panache. Au cinéma, quand ils reçoivent une info importante, les journalistes donnent souvent rendez-vous à leurs sources dans un lieu discret, sur un banc public, sous un pont, dans un parking. L'échange est furtif, il y a une grosse enveloppe ou un sac contenant des preuves et à peine quelques mots sont-ils échangés tant il est nécessaire de ne pas se faire remarquer. Ce cliché n'est pas vraiment représentatif du quotidien du métier. En l'occurrence, cette histoire commence de manière bien moins romanesque, puisque la « source » est très institutionnelle et s'est contentée d'un communiqué de presse envoyé par mail. *Spotlight*, ce n'est pas pour aujourd'hui.

Le 12 juin 2023, une cellule du Quai d'Orsay invite quelques journalistes à « un briefing off au sujet de la mise au jour d'une ingérence numérique étrangère d'ampleur autour de Mme Anne-Claire Legendre, porte-parole du ministère de l'Europe et des Affaires étrangères ».

Le jour dit, les journalistes invités sont conduits dans une salle pour le fameux « briefing off ». Rien d'une production hollywoodienne : un rétroprojecteur, quelques micros et des rangées de chaises roulantes avec des pupitres amovibles.

Le concept du briefing off mérite que l'on s'y arrête, tant l'exercice de communication est particulier. C'est un deal implicite entre les journalistes qui répondent à l'invitation et les organisateurs. Pour les premiers, c'est la promesse implicite d'avoir des informations plus précises et plus intéressantes que celles qui s'échangent via les canaux formels. Pour les seconds, les communicants, c'est l'occasion de placer quelques éléments de langage plus ou moins assumés, et de demander de taire l'origine de telle ou telle citation, qui se transformera, sous la plume des journalistes, en « une source venant de tel endroit » ou juste « selon le ministère... ».

Le briefing off place le journaliste dans une posture particulièrement inconfortable : y participer, c'est accepter de se plier aux consignes. S'il refuse, il n'aura pas l'information, ou l'aura après ses collègues ayant accepté le deal. Or, pour ceux qui travaillent dans l'urgence d'un quotidien, d'une chaîne d'information en continu ou d'une radio, quelques heures de retard sur la concurrence, cela compte. La course à l'information est devenue une faille exploitée à dessein par les communicants pour s'assurer que les journalistes se tiennent sages. La menace n'est jamais formulée, mais malheur à celui qui romprait les termes de l'accord alors qu'il devrait s'estimer privilégié de compter parmi les rares élus.

Me voilà donc dans ce briefing off, avec la porte-parole du Quai d'Orsay, accompagnée de Gabriel Ferriol, le directeur de Viginum à l'époque. Une table réunit des fonctionnaires de la cellule communication du ministère. Ce sont eux qui vont distribuer les quelques pages résumant la séquence qui va être « dévoilée », comme le prêtre distribue les hosties.

Une ingérence numérique étrangère d'ampleur

Anne-Claire Legendre révèle l'existence d'une opération d'origine russe qui a directement visé le Quai d'Orsay, et sur laquelle Viginum a travaillé de longs mois. Les malfaiteurs ont copié à l'identique le site web du ministère, et se sont servis de cette contrefaçon pour y diffuser de fausses informations. Le faux site a par exemple essayé de répandre la rumeur selon laquelle la France allait taxer ses citoyens pour financer l'aide militaire à l'Ukraine. L'opération était plutôt bien pensée, puisque n'importe quel clic sur le faux site web renvoyait automatiquement vers le vrai. Difficile, donc, de se rendre compte que l'on a été désinformé. Pour découvrir la supercherie, il faut vérifier l'adresse URL : « diplomatie.gouv.fr », et non, par exemple, « diplomatie.gouv.ltd ». Cette filouterie – qu'on appelle « typosquatting » – parie sur le fait que les organisations ou les personnes n'achètent pas tous les noms de domaines proches du leur quand elles créent leur site web.

Fait particulièrement intéressant, ces fausses informations étaient par la suite amplifiées par les ambassades et les centres culturels russes sur les réseaux sociaux. Certes, il n'y a pas là de preuve formelle contre l'État russe, les ambassades et les centres culturels disposant d'une certaine autonomie, mais le Quai d'Orsay a quand même dénoncé des actes « indignes d'un membre permanent du Conseil de sécurité des Nations unies ». Selon le ministère, cette opération, « très bien coordonnée et structurée », est « une nouvelle illustration de la stratégie hybride que la Russie met en œuvre pour saper les conditions d'un débat démocratique ».

Cette même stratégie s'est également appliquée à de nombreux médias, principalement français et allemands : sept médias français ont vu leurs sites web copiés afin de partager de fausses informations. Le double du *Parisien* a publié au moins quarante-neuf faux articles. Ont aussi été touchés *Le Monde*, *Le Figaro*, *20 Minutes*, *La Croix*, *Libération* et l'hebdomadaire *Le Point*. Outre-Rhin, ce sont les médias *FAZ* (*Frankfurter Allgemeine Zeitung*), *Der Spiegel*, *Bild* et *Die Welt* qui ont été copiés. Au Royaume-Uni, *The Guardian* a été ciblé.

Au total, l'opération a créé ou usurpé au moins 355 noms de domaines. Autant de sites web pour partager de la désinformation, principalement sur le conflit en Ukraine et ses conséquences. Mais outre la création de ces jumeaux maléfiques, les malfaiteurs fabriquaient et diffusaient également des caricatures, des dessins animés de propagande ou de faux sondages, amplifiés par des centaines de faux comptes sur les réseaux sociaux, ainsi que par l'achat de publicité sur Facebook.

L'opération RRN

Au centre du dispositif se trouve le site de propagande prorusse RRN.world. Ce site, qui a d'ailleurs changé de nom en passant de Reliable Russian News à Reliable Recent News, est apparu quelques mois après l'invasion russe de l'Ukraine du 24 février 2022. Il est connu pour avoir diffusé de nombreuses fausses informations, notamment sur le massacre de Boutcha par les troupes russes. C'est le nom de ce site web, pierre angulaire du dispositif de désinformation, qui sera utilisé par Viginum pour nommer l'opération. Elle devient « l'opération RRN ».

Mais peut-on vraiment parler d'une « mise au jour » comme le stipulait le mail d'invitation au briefing off ? Si l'information que le site du Quai d'Orsay a été copié était effectivement nouvelle, cette campagne « RRN » avait déjà été largement dénoncée publiquement neuf mois auparavant par l'ONG européenne EU DisinfoLab qui l'avait affublée du nom de « Doppelgänger » ainsi que par le groupe Meta qui détient Facebook.

L'entreprise américaine avait d'ailleurs lié cette opération à deux entreprises russes. La première, Struktura, qui développe des outils informatiques, a notamment pour clients des institutions étatiques russes. La deuxième, Social Design Agency, est spécialisée dans le marketing et le conseil.

Neuf mois plus tard, Viginum va plus loin dans son rapport technique, désignant Ilya Andreevitch Gambachidze, un ancien conseiller du vice-président de la Douma Piotr Tolstoï, comme l'actuel dirigeant des deux entreprises. L'agence a réussi à remonter la piste jusqu'à Mikhaïl

Andreevitch Tchekomasov, Kirill Vitalievitch Kalachnikov et Anton K. Erlbaum, les patrons d'IP Team qui se cachaient aussi derrière VEUL.

On comprend mieux la photo de profil qu'affichait Kirill Kalachnikov sur son compte VK, accompagnée de la légende « Sur le front de l'information ».

Du côté de Viginum, on l'assure, « nous avions repéré cette campagne avant qu'elle ne soit rendue publique ». Alors pourquoi ne pas en avoir parlé avant ? En réalité, c'est le Quai d'Orsay qui a décidé de rendre les travaux de l'agence publics et d'organiser ce briefing off durant lequel le ministère a attribué l'opération à la Russie en dénonçant des « agissements indignes d'un membre permanent du Conseil de sécurité des Nations unies ».

Cette approche, particulièrement offensive, montre le nouveau tournant du ministère en matière d'influence et de contre-influence, un changement de paradigme enclenché après l'assassinat de Samuel Paty.

Interrogée au début de l'été 2023, une source du ministère qui a requis l'anonymat rappelle que les campagnes de désinformation antifrançaises qui ont suivi cet attentat terroriste ont eu des conséquences bien réelles pour les membres du réseau diplomatique français avec, notamment, l'attaque au couteau du consulat général de France à Djeddah, en Arabie saoudite. Alors, en parallèle de la task force Honfleur, la diplomatie française a, de son côté, « mis en place un réseau de veille dans les ambassades pour identifier les possibles menaces sécuritaires et informationnelles ».

La sous-direction de la veille et de la stratégie du Quai d'Orsay

Ce réseau de veilleurs a, par la suite, intégré la nouvelle « sous-direction de la veille et de la stratégie » du ministère, une cellule qui, en plus de son travail de veille, coordonne les stratégies de réponses au sein du réseau diplomatique.

Les ripostes en effet doivent être soigneusement évaluées, entre la prise de parole officielle et l'absence totale de réponse, pour éviter d'amplifier une désinformation qui disparaît aussi vite qu'elle s'est créée si personne n'y prête attention.

« Quand, le 13 décembre, a eu lieu une conférence internationale à Paris portant sur l'aide à l'Ukraine, Mme Zelensky a été victime d'une intox : elle était présentée comme faisant du shopping place Vendôme. Nous avons pensé que, dans ce contexte, il valait mieux que ce soient les Ukrainiens qui réagissent et pas nous. Les décisions sont prises au cas par cas », explique un représentant de la cellule. Une autre stratégie de réponse pourrait consister à se reposer sur les relations qu'ont pu tisser les fonctionnaires du ministère avec des médias et des journalistes dans les pays où ils exercent. Cette démarche pourrait être efficace si elle était menée avec diplomatie, notamment dans les régions où la présence française est contestée. On imagine sans peine les dégâts que pourrait causer un fonctionnaire dont l'action serait perçue comme paternaliste, ou ouvertement manipulatrice, dans d'anciennes colonies françaises, par exemple.

La dernière mission à assurer pour la sous-direction consiste à gérer les partenariats, qu'ils soient interministériels comme avec Viginum ou le ministère des Armées, avec des organisations internationales ou la société civile au sens large.

Cette sous-direction de la veille et de la stratégie reste aujourd'hui modeste; elle n'est du reste pas toujours bien perçue par les autres services, qui croient y lire une volonté du Quai d'Orsay de « jouer en solo ». Elle ne compte qu'une vingtaine de personnes, une dizaine occupées à constituer des revues de presse, quatre à scruter les réseaux sociaux. « C'est une approche globale du champ informationnel avec un petit segment sur les manipulations de l'information », souffle le ministère.

La structure devrait se renforcer dans un futur proche. Le Quai peut se vanter d'avoir opéré un saut qualitatif en matière de coopération interministérielle, comme le montre l'opération RRN, qui a abouti à la mise sous sanction par l'Union européenne des deux entreprises Struktura et Social Design Agency, ainsi que de leur dirigeant Ilya Andreevitch Gambachidze.

Si ces sanctions n'ont pas touché les membres de l'ancienne équipe d'IP Team, c'est parce que les dossiers de sanction montés par les États doivent être particulièrement fournis et circonstanciés. Cette exigence est renforcée en matière de désinformation, un domaine particulièrement sensible, car étroitement lié aux problématiques de liberté de la presse et de liberté d'expression. Les faisceaux d'indices qui généralement suffisent aux administrations des pays pour attribuer des opérations à des acteurs (comme l'a fait Viginum avec le trio Tchekomasov, Erlbaum et Kalachnikov) ne sont pas forcément suffisants pour les instances européennes lorsqu'il s'agit des sanctions. La règle est alors de se concentrer sur les acteurs sur lesquels les preuves sont les plus nombreuses et les plus accablantes afin de s'assurer que le dossier de sanctions ne soit pas retoqué. C'est, en l'espèce, ce qu'il s'est produit ici. En outre, le fait que le nom d'Ilya Andreevitch Gambachidze ait également été mentionné par Meta et l'ONG EU DisinfoLab, en plus de Viginum, a permis d'huiler les lourds rouages de la machine européenne afin que des sanctions soient prises en un temps record. C'est la coordination du travail de ces différents acteurs qui a finalement permis que soit validé ce dossier de sanctions.

L'art subtil de l'influence

La sous-direction de la veille et de la stratégie n'est cependant qu'une face de la politique de contre-influence du Quai d'Orsay. Pour freiner le pouvoir grandissant des Russes en Afrique (qui s'opère, par effet de levier, au détriment de la France), Paris a demandé aux diplomates de s'impliquer plus frontalement sur les réseaux sociaux. Si la plupart hésitent encore à s'engager sur cette voie, deux d'entre eux ont décidé de croiser le fer en ligne autant que possible pour défendre l'image de la France.

Dans un style très différent, Sylvain Itté et Anne-Sophie Avé sont les deux ambassadeurs les plus engagés dans cette lutte informationnelle. Ils ont d'ailleurs tous deux occupé le poste d'ambassadeur pour la diplomatie publique française en Afrique, Anne-Sophie Avé ayant succédé à Silvain Itté à ce poste en septembre 2022.

Quand Sylvain Itté n'hésite pas à répondre frontalement, parfois avec rudesse, aux agents d'influence du Kremlin au risque d'être lui-même considéré comme un « troll français », Anne-Sophie Avé est plus adepte de la communication positive. Elle se met en avant aux côtés de célébrités africaines ou publie des vidéos d'elle en train de chanter du Whitney Houston. Un petit côté influenceuse, qui agace d'ailleurs certains de ses collègues du Quai d'Orsay, fervents partisans d'une diplomatie plus discrète.

Évidemment, l'action des deux ambassadeurs a des limites, il y a des lignes rouges à ne pas franchir telles que le mensonge éhonté ou l'amplification inauthentique d'audience. En substance, il s'agit de ne pas faire la même chose que les Russes. « On ne peut absolument pas se permettre de verser dans ce genre de méthodes. Non seulement il n'y a aucune raison de croire que cela permettrait d'engranger des gains d'influence substantiels mais, en plus, cela finira inexorablement par se savoir et par abîmer encore plus l'image de la France », souffle un diplomate.

Ce diagnostic ne relève pas tout à fait de l'intuition. En l'énonçant à voix haute, le diplomate fait référence à l'amère expérience du ministère des Armées. Il y a quelques années, des militaires s'étaient fait prendre en train d'animer un réseau de faux comptes sur les réseaux sociaux. Une opération qui n'a obtenu aucun résultat probant, si ce n'est la performance de miner un peu plus la crédibilité du discours porté par la France en Afrique de l'Ouest. Pour le plus grand plaisir des Russes.

15

Balard, gagner la guerre avant la guerre

C'est l'histoire d'un compte Twitter créé en janvier 2022 par un dénommé Dia Diarra, qui se présente comme un ancien militaire et un patriote malien. Ce petit compte, qui n'agrège que quelques centaines d'abonnés, est le point de départ d'une vaste opération de désinformation menée par le groupe Wagner et visant les militaires français en train de quitter le Mali.

Le mercredi 20 avril 2022, Dia Diarra publie un message évoquant « un crime contre le peuple malien fait par les Français ». Les forces armées françaises y voient le déclenchement d'une attaque informationnelle. Il faut dire que le retrait des forces tricolores, couplé à l'arrivée des mercenaires de Wagner, pousse à la vigilance. Le lendemain, le même compte publie une photo d'un charnier accompagné de la légende : « C'est ce que les Français ont laissé derrière eux quand ils ont quitté la base à Gossi (Mali). On ne peut pas garder le silence sur ça. » Quelques heures plus tard est diffusée une vidéo de cette même fosse commune avec des corps qui gisent, à moitié ensablés.

L'opération, qui a pour but d'alimenter le sentiment anti-français, aurait pu être un succès si elle n'avait pas été immédiatement contrecarrée par les militaires français. Grâce à la collecte de renseignement de diverses origines, les Français avaient eu la bonne idée de garder un œil sur la zone, une surveillance qui a permis d'observer de très près ce qu'il s'est réellement passé.

Dès le 20 avril, les Français observent l'arrivée dans la base fraîchement désertée de Gossi d'une dizaine d'individus de type caucasien et de quelques membres de l'armée malienne. Le lendemain, un drone français filme depuis le ciel une scène d'une dizaine de personnes ensevelissant des corps sans vie. Sur les images, on voit très clairement un homme en uniforme donnant des coups de pelle pour recouvrir les corps de terre. Peu après, deux hommes sont aperçus en train de filmer le charnier. Le déplacement de l'un d'eux correspond d'ailleurs aux mouvements de caméra que l'on observe dans la vidéo de Dia Diarra.

Cette séquence permet à l'armée française de couper l'herbe sous le pied des mercenaires et de contrecarrer très efficacement l'opération de désinformation qu'ils entendaient mener. Fait rare, les images du drone ont été envoyées à plusieurs médias français pour exposer la manipulation. La stratégie est couronnée de succès, puisque les images sont reprises par une grande partie de la presse française ; la séquence est relatée dans les colonnes du prestigieux *Washington Post* et du magazine *Foreign Policy*.

Les soldats français émettent l'hypothèse que les corps proviennent d'un raid meurtrier mené conjointement quelques jours plus tôt par les forces armées maliennes et les mercenaires russes dans le village d'Hombori, situé à 70 kilomètres au sud de Gossi. Selon l'ONG Armed Conflict Location and Event Data Project (Acled), interrogée par *Le Monde*, « une vingtaine de personnes auraient été tuées au cours de cette opération[1] ». La séquence de Gossi est, à ce jour, le plus grand succès dans l'histoire récente de l'armée en matière de lutte informationnelle.

Le revers de la médaille, c'est que l'on peine encore à comprendre pourquoi, dans le cas de Gossi, les images ont pu être communiquées, alors que celles de la frappe de Bounti – où les forces françaises sont accusées par les Nations unies d'avoir tué plus d'une vingtaine de personnes, majoritairement des civils – sont encore au secret…

Gagner la guerre avant la guerre

L'épisode de Gossi est l'aboutissement de l'évolution de la stratégie du ministère des Armées en matière de contre-influence. Il illustre la place plus importante donnée à la lutte informationnelle depuis l'établissement de la doctrine Lutte informatique d'influence (L2I) en octobre 2021.

Avec la L2I – dont les opérations se déroulent dans un cadre strictement limité aux opérations militaires à l'extérieur du territoire national –, il s'agit de conquérir les esprits et de, selon l'expression consacrée, « gagner la guerre avant la guerre ».

1. Cyril Bensimon et Morgane Le Cam, « Mali : dans la guerre de l'information, l'armée française réplique et accuse le Groupe Wagner », *Le Monde Afrique*, 23 avril 2022.

Travailler sur la communication de l'armée est un exercice difficile : l'institution charrie une charge symbolique importante et est l'objet de tous les fantasmes. Contrairement à son surnom de « Grande Muette », l'institution a pourtant toujours inclus la communication dans ses missions. Ce surnom est d'ailleurs trompeur, puisqu'il désignait à l'origine la perte des droits civiques des militaires sous la IIIe République, et n'avait aucun rapport avec la parole publique.

Qu'elle soit institutionnelle ou d'influence, la communication a toujours été un sujet central pour les militaires, au moins depuis Napoléon. Les méthodes ont bien sûr évolué au fil des conflits et des contextes d'intervention. Contentons-nous de rappeler ici que la L2I est le dernier fruit de la réflexion des armées, afin que l'institution puisse faire face aux nouvelles menaces hybrides, dont les manipulations dans le champ informationnel. Dans son discours de présentation de la L2I, Florence Parly, à l'époque ministre des Armées, rappelait que « nos armées affrontent pleinement les conséquences de ces "opérations" qui sont conduites sur les réseaux sociaux[1] ». Comme le Quai d'Orsay, l'hôtel de Brienne affirme qu'il y a « des lignes rouges » à ne pas franchir. Les militaires ne doivent pas mener d'actions qui ne seraient pas « en parfait accord avec nos principes et nos valeurs », et veiller à inscrire leurs opérations « dans le strict respect du droit national et international, notamment la charte des Nations unies ainsi que

1. Discours de Florence Parly, « Présentation de la doctrine militaire de lutte informatique d'influence », 20 octobre 2021.

les règles du droit international humanitaire». Là encore, il s'agit de ne pas s'abaisser au niveau des Russes, notamment en Afrique.

Un raté français

Pourtant, moins d'un an auparavant, l'entreprise américaine Graphika et l'Observatoire de l'Internet de Stanford révélaient qu'une opération d'influence pour contrer les fermes à trolls de Wagner était menée par des «personnes associées à l'armée française[1]» sur les réseaux sociaux.

Cette «opération française» comprenait «84 comptes Facebook, 6 pages, 9 groupes et 14 comptes sur Instagram». À cela, il fallait également ajouter deux chaînes YouTube et une vingtaine de comptes Twitter. La manœuvre, qui avait visiblement pour but initial de défendre la présence de l'armée française au Sahel, a vite viré à la confrontation plus ou moins directe avec les Russes sur les réseaux sociaux. Les personnes derrière l'opération ont employé les méthodes de leurs adversaires, ignorant les préconisations du rapport conjoint du CAPS/IRSEM de 2018 invitant les autorités à proscrire ce genre d'actions. En effet, les «cerveaux» n'ont pas hésité à diffuser des caricatures présentant les Russes comme des colons alcooliques et violents, venus piller l'Afrique de ses richesses naturelles. Ils ont également créé et diffusé des dessins animés, encore plus mauvais que

1. Graphika & The Stanford Internet Observatory, «More-Troll Kombat», 15 décembre 2020.

ceux des Russes sur le plan graphique, et du même niveau sur le fond. Si l'institution n'a jamais confirmé, ni démenti, la paternité de cette séquence, plusieurs sources internes confirment qu'elle provenait du Groupement des opérations numériques (GON), qui dépend du Centre interarmées des actions sur l'environnement (CIAE), basé à Lyon. Contacté par différents canaux plus ou moins officiels, le GON n'a pas répondu à nos sollicitations.

On mesure encore mal les conséquences de cette bérézina. Ce qui est sûr, c'est qu'elle a profondément entaché la crédibilité de l'armée française, et alimenté une partie de la propagande russe au Sahel. On passera sur la gêne diplomatique que l'événement a engendrée, mais on imagine que certains diplomates ont dû suer sang et eau pour essayer de rattraper le coup.

Ce qui est certain, c'est que les révélations de Graphika et de Stanford ont fait grincer les dents de nombreux militaires à Balard en lien avec ces sujets de contre-influence. Quelques mois après la découverte de l'opération, une source issue des rangs rongeait son frein autour d'une bière dans un troquet parisien en expliquant qu'il allait « falloir frotter fort pour faire oublier ça ».

La cellule Anticipation, stratégie et orientation

Fin 2022, une nouvelle cellule est montée au ministère des Armées, qui doit chapeauter l'action informationnelle et la contre-influence. À la tête de cette cellule « Anticipation, stratégie et orientation » (ASO), on retrouve le général

Pascal Ianni. Auparavant porte-parole à l'état-major des armées, l'homme a une sérieuse expérience de la communication militaire et des relations avec les journalistes. Il a également été la figure publique de la séquence de Gossi, qu'il a décryptée devant les caméras du média en ligne Néo. Dans son entourage, on salue le professionnalisme du militaire, sa fine connaissance des enjeux de la lutte informationnelle, et sa conscience des limites à ne pas franchir.

Un militaire qui le connaît bien explique que sa position n'est pas évidente. « D'une main, il doit accomplir ses missions, de l'autre, il doit calmer les ardeurs de ceux qui ont tendance à penser que l'on n'est pas assez offensifs, et il lui faut une troisième main pour la coopération avec les autres acteurs impliqués dans la lutte informationnelle en dehors du ministère des Armées. »

Dans le fond, l'objectif de la cellule ASO est de suivre le modèle de l'opération de Gossi. Il s'agit, pour le ministère, d'aller vers « plus de transparence » dans son action dans le champ informationnel et de « multiplier les collaborations » avec la société civile, les médias et, également, les journalistes, qu'ils soient en France ou à l'étranger. Cette stratégie se révèle payante contre les manipulations de l'information. Elle n'est quand même pas dépourvue de risques, surtout pour les journalistes et les médias, notamment dans le cas d'une collaboration avec un militaire qui donnerait « discrètement » une information en faisant promettre au journaliste de cacher sa provenance.

Imaginons un instant le scénario du pire. Un journaliste, content d'avoir une information exclusive, accepterait de la diffuser dans son média sans dire d'où elle vient. Après tout, la source est « solide » et il est possible de vérifier l'information de manière indépendante. Mais que se passerait-il si le deal avec les Armées était révélé ? Quelles conséquences sur l'image d'un média, si l'un de ses journalistes était surpris en train de jouer la courroie de transmission des militaires pour mener une manœuvre informationnelle ? Et surtout, quels risques ce genre d'opération ferait-elle courir aux correspondants locaux du même média ? Ce scénario n'est pourtant pas invraisemblable. Si les exemples de journalistes accusés d'être au service d'une puissance étrangère ne manquent pas, il est tout à fait possible d'imaginer que d'autres ne voient pas de problème à se mettre au service de Balard.

Les « russo-béats »

Enfin, quand on parle de l'armée française, des opérations d'influence et de la Russie, il est difficile de ne pas aborder le délicat sujet des militaires un peu trop fans de Vladimir Poutine. « C'est un vrai sujet, surtout au sein de l'armée de terre et de la Marine nationale », souffle Raoul, un officier très familier du sujet. Les aviateurs, eux, semblent assez épargnés par le phénomène des « russo-béats », selon le terme consacré par la contre-ingérence. Une autre source au sein de l'institution précise que la fascination envers le régime de Poutine, « c'est surtout un délire d'officiers supérieurs ».

Le sujet reste hautement sensible pour l'armée, surtout après l'invasion de l'Ukraine de février 2022. Longtemps,

Balard s'est contenté de répéter que l'institution était « à l'image de la population : il y a de tout ».

Cette ligne de défense semble un peu fragile à Raoul : « C'est vrai quand on prend l'intégralité des personnels. Mais quand on se limite à regarder les postes de commandement ou ceux qui sont appelés à commander, on voit bien qu'il y a une surreprésentation des profils marqués très à droite ou à l'extrême droite. Ce n'est pas un problème de quantité que l'on a. La réelle difficulté relève plus des postes que ces gens occupent », résume-t-il. Pour appuyer sa démonstration, il prend l'exemple de ce « lieut-co » croisé il y a presque dix ans dans un vestiaire, qui arborait fièrement sur le dos un énorme tatouage de l'aigle bicéphale, les armoiries de la Fédération de Russie. Renseignement pris, le russophile est toujours actif au sein des forces françaises.

Comment expliquer cette fascination pour un régime autocratique et impérialiste, si loin des valeurs françaises que l'armée entend porter ?

Il y a d'une part le culte de l'homme fort : certains membres de l'armée « fantasment sur des dirigeants comme Vladimir Poutine, qui leur renvoie cette image », explique Raoul. Sociologiquement, « ce sont généralement des personnes qui ont grandi dans un milieu très conservateur et très antiaméricain. Quand la propagande du Kremlin explique que l'Occident est décadent, qu'elle étale son homophobie, son antisémitisme ou qu'elle parle de grand remplacement… ces gens peuvent se retrouver dans ces narratifs », détaille l'officier, conscient que son discours fera hurler au sein de la maison.

Où se trouvent ces fans de Vladimir Poutine ? Une enquête du magazine *Challenges*[1], « particulièrement bien documentée » selon une source du renseignement des Armées, donne quelques pistes. Selon ses auteurs, Antoine Izambard et Vincent Lamigeon, il y aurait d'abord « la partie émergée de l'iceberg » composée d'une « brochette d'officiers à la retraite ». Parmi eux, Dominique Delawarde, Antoine Martinez et Christian Piquemal, tous signataires de la fameuse « Tribune des généraux » de 2021[2]. Ils évoquent aussi le général Jean-Bernard Pinatel, vice-président du think tank prorusse Geopragma, qui suggérait en 2016 de « s'allier à la Russie et faire disparaître l'OTAN ». Des individus un peu « bruyants », mais dont l'influence et la représentativité seraient à nuancer, selon un officier.

La partie immergée de l'iceberg est constituée de cette frange de « russo-béats » encore actifs dans l'armée. Les journalistes de *Challenges* évoquent un « foyer important » parmi les « anciens attachés de défense à Moscou ou dans les ex-républiques soviétiques », mais aussi à Saint-Cyr, la prestigieuse école d'officiers. Le « cas Saint-Cyr » est également évoqué par Raoul, qui désespère de voir « certains profils qui peuvent sortir de cette école, complètement prorusses ». Si « l'on a tendance à penser au premier abord que c'est un phénomène qui touche surtout des vieux officiers

1. Antoine Izambard et Vincent Lamigeon, « Russie : révélations sur ces militaires français sous influence », *Challenges*, 27 avril 2023.

2. Cette tribune, à l'époque publiée dans le magazine d'extrême droite *Valeurs actuelles*, avait suscité la polémique à cause de son contenu qui dénonçait un prétendu « délitement qui frappe notre patrie » et « l'islamisme et les hordes de banlieue ».

supérieurs, je m'inquiète vraiment de cette nouvelle génération appelée à exercer des postes de commandement».

Pourtant, la direction du renseignement et de la sécurité de la Défense (DRSD) a déjà fait le ménage dans l'école. Les «chaussettes à clous» – surnom des agents de ce service de renseignement du ministère des Armées (en référence aux souliers ferrés qu'ils portaient à l'époque) – ont «nettoyé» la pépinière des officiers de l'armée de terre il y a quelques années en évinçant quelques profils jugés problématiques et en réorganisant le programme des cours. Mais si l'on en croit l'ancien professeur de géographie à Coëtquidan Bruno Judde de Larivière, interrogé par *Challenges*, il reste encore «une secte d'ultra-droite, identitaire et prorusse» qui s'est «installée à bas bruit au sein de l'encadrement de Saint-Cyr» et que «les directions successives [ont] laissé prospérer». Cette analyse est partagée par une source au sein de l'école, qui requiert l'anonymat. Elle se souvient très bien des réactions de la direction de l'école à la sortie de l'enquête de l'hebdomadaire : «Ils ont lancé une chasse aux traîtres pour essayer de savoir qui avait parlé aux journalistes. Ils ont notamment menacé de saisir la DRSD. C'est d'autant plus ridicule que cela n'est absolument pas son mandat.»

Une demande d'interview de la direction de Saint-Cyr a bien été envoyée par le biais des services du ministère des Armées, mais est restée lettre morte.

Comment l'armée réagit-elle face à ces «russo-béats»? Ceux qui sont chargés de garder un œil attentif sur eux sont les membres de la DRSD. Exceptionnellement, ce service de renseignement du ministère des Armées a décidé d'ouvrir ses portes, et reçoit en plein mois de juillet 2023 au fort de Vanves, dans la banlieue sud de Paris.

Passé le contrôle de sécurité, je me retrouve dans une salle de réunion banale, à deux détails près. Le premier, c'est l'emblème du service, fièrement accroché au-dessus de la porte d'entrée, et sa devise « Renseigner pour protéger ». Le deuxième élément qui attire l'œil est un drapeau de l'État islamique accroché au mur en guise de trophée.

Au bout de quelques minutes, un homme habillé en civil entre dans la pièce et se présente d'une voix grave ; il est colonel, chargé de la contre-ingérence pour la DRSD. Si « le plus discret des services de renseignement » a accepté l'interview, c'est pour « faire de la pédagogie et de rappeler que nous sommes au cœur de la mission de renseignement face aux ingérences, d'où qu'elles viennent ».

Les fans de Poutine sont un sujet important pour ce service, qui compte 1 600 personnels. Mais travailler sur ces profils est un exercice délicat tant il faut faire la part des choses entre ce qui relève de la liberté d'opinion de chacun et ce qui relève du risque sécuritaire.

« La DRSD n'est pas une police de la pensée, nous sommes un service de renseignement qui cherche à savoir s'il y a des actions d'ingérence de la part de la Russie dans les armées », explique le colonel. Ce qu'ils cherchent, « ce sont les vulnérabilités sur lesquelles la Russie pourrait s'appuyer pour mener à bien des opérations, notamment d'espionnage ». Quand un militaire franchit le rubicon en entretenant, par exemple, des contacts avec une personne susceptible d'appartenir à un service de renseignement russe, il peut présenter une vulnérabilité et donc devenir à la fois une cible pour les services adverses et un sujet d'intérêt pour le renseignement français. Face à une situation de ce type, « c'est le rôle de la DRSD d'enquêter à charge et à décharge et de se forcer à la plus grande objectivité possible. Nous essayons de rendre des avis équilibrés et nous nous appuyons sur des faits et des grilles d'analyses qui permettent de rendre des avis consolidés et bien documentés », décrypte ce haut gradé.

En somme, avoir des sympathies pour la Russie, son histoire et sa culture n'est pas condamnable en soi. Mais si ces sympathies prennent le pas sur le fondement même de la mission d'un militaire qui est de servir la France, cela devient un problème. Charge de l'institution et du politique de prendre une décision sur la meilleure réponse à apporter à chaque situation à la lumière des renseignements fournis par la DRSD. Plus globalement, l'officier note que « la tendance des prorusses s'est considérablement réduite depuis le début de la guerre en Ukraine. Aujourd'hui, les plus fervents défenseurs de Poutine se taisent et ceux qui se posaient des questions vis-à-vis du régime ne s'en posent plus ». Il faut dire qu'être confronté aux exactions de l'armée russe en Ukraine et à celles de Wagner en Afrique a le mérite de clarifier les choses, malgré les commentaires des télégraphistes du Kremlin.

Le colonel de la DRSD est plus réservé quant aux critiques concernant Saint-Cyr. Il évoque « la diversité des profils » qui sortent de l'école, et assure que l'on serait « surpris ». Il rappelle également que l'institution prend en charge « de très jeunes hommes » qui, par essence, sont malléables. L'enjeu, pour cette institution qui « fournit des officiers de très grande qualité depuis Napoléon », est de transformer ces jeunes hommes, d'affûter leur esprit critique et de les sensibiliser aux risques de l'influence afin qu'ils puissent s'acquitter le mieux possible des missions de commandement auxquels ils sont promis. Et pour ceux qui sortiront du droit chemin, la DRSD fera ce qu'elle a l'habitude de faire : Renseigner pour protéger.

16

Un Parlement sous influence

En pleine montée des tensions, moins de quinze jours avant le début de l'invasion de l'Ukraine par la Russie le 24 février 2022, une étrange agitation règne au Sénat. Dans la petite salle 67 du palais du Luxembourg, les voix qui se font entendre de l'autre côté de la porte sont d'origines diverses. On entend du français, évidemment, de l'allemand et, surtout, du russe.

Sans doute rien d'inquiétant, puisque cette salle de réunion accueille une conférence intitulée « France-Ukraine, comment sortir de l'impasse », censée réunir des membres des Parlements français, allemand, russe et ukrainien. Officiellement, l'invitation stipulait qu'il s'agissait « d'avoir des échanges sur le format Normandie[1] (…) afin de ne pas donner un monopole au dialogue américano-russe comme au temps de la guerre froide ».

1. Rencontre diplomatique à quatre pays (Ukraine, Russie, France, Allemagne) adoptée pendant la guerre du Donbass en 2014.

Mais dans la salle, les intervenants ne sont pas des anonymes, comme le note *Le Parisien*, premier journal à avoir évoqué l'affaire. Oleg Volochine, député ukrainien prorusse, a été mis sous sanction un mois auparavant par les États-Unis pour ses « actions déstabilisatrices » en Ukraine, et pour avoir entretenu des liens avec des officiers de renseignement du FSB. L'oligarque Viktor Medvedtchouk, proche de Vladimir Poutine, a été arrêté par les Ukrainiens au début de la guerre alors qu'il tentait de fuir le pays pour se réfugier en Russie ; il a été échangé en septembre 2022 contre 200 prisonniers ukrainiens, signe de l'intérêt que lui porte le maître du Kremlin. Le député Nestor Shufrych, qui depuis a été arrêté pour avoir informé la Russie sur la position des troupes ukrainiennes. En fait, tous les Ukrainiens présents sont pro-russes. Côté russe, on note la participation de Grigory Karasin, ancien ambassadeur de Russie au Royaume-Uni, et de Leonid Sloutski, actuel leader du parti ultranationaliste russe LDPR. À cela, il faut ajouter d'obscurs techniciens qui ne pipaient pas un mot de français mais parlaient la langue de Tolstoï. Dernier détail amusant, la présence de l'ancien sénateur très russophile, Yves Pozzo di Borgo.

Côté français, les têtes étonnées de quelques élus comme Fréderic Petit, député MoDem, ou du sénateur RDPI André Gattolin, laissent deviner qu'ils se demandent ce qu'ils sont venus faire dans cette galère. Ils ignorent qui sont ces invités un peu encombrants. Ils ignorent également que la séquence est diffusée en direct sur une chaîne de télévision prorusse : la conférence « format Normandie » tourne à l'opération d'influence organisée au cœur même du Sénat.

La manipulation a un objectif clair : faire croire que les élus sont proches de la Russie dans ce moment de crise.

Dans un documentaire de l'émission « Complément d'enquête », le sénateur LR Sébastien Meurant, passé depuis chez Reconquête, est interrogé sur ce moment, qu'il a rendu possible. S'il reconnaît avoir « mis à disposition une salle » au profit d'une association, il assure ne pas avoir participé à l'événement car il avait contracté le Covid-19, ce qu'a confirmé son entourage professionnel. Il affirme également avoir découvert les images de la réunion diffusées sur la chaîne de télévision, et ignorer l'identité de ces gens qui ne parlaient que le russe.

La structure à laquelle il a généreusement octroyé une salle du Palais du Luxembourg est l'association Jean Monnet, du nom du père fondateur de l'Europe. Un comble, pour ce qui ressemble quand même beaucoup à une opération d'influence russe. Si les missions de cette association restent floues, *Le Parisien* a rappelé qu'elle était dirigée par l'ancien président du Conseil économique et social européen, Henri Malosse. Dans les colonnes du quotidien, Malosse, déjà épinglé par EU DisinfoLab pour sa participation à une opération d'influence indienne un an plus tôt, charge la barque du sénateur en assurant qu'« il dit ce qu'il veut, mais c'est lui l'organisateur et il a prononcé le propos introductif » en visioconférence. Un récit remis en question par deux e-mails transférés par un participant à la conférence qui contiennent les invitations à l'événement, directement signées de la main d'Henri Malosse. Interrogé, l'ancien président du Conseil économique et social européen assure qu'il s'était juste occupé d'inviter les parlementaires allemands. Le sénateur Meurant, de son côté, garde un souvenir amer de l'événement. Il assure que si c'était à refaire, « je ne recommencerai[s] pas, surtout en sachant que deux semaines après la guerre était déclarée ».

Au Sénat, l'affaire embarrasse. Un chargé de communication, enregistré à son insu, lâche à « Complément d'enquête » : « On a un peu découvert le pot aux roses après coup ». Il évoque un « détournement difficile à justifier » et affirme que le Palais « s'est fait avoir ». Et comme « ça ne fait pas très sérieux de se faire avoir [...] ce n'est pas une affaire sur laquelle on a un intérêt particulier à reconnaître peut-être des faiblesses, ou des failles ».

Plusieurs sénateurs, interrogés un an après les faits, s'étonnent de ne pas avoir reçu de consignes ou d'appel à la prudence. Seul un collaborateur parlementaire assure que « depuis, un tour de vis a été effectué et les contrôles ont été renforcés ». Sollicitée, la présidence du Sénat n'a pas souhaité répondre.

Un fiché S à l'Assemblée

Une autre affaire a attiré l'attention. Celle-ci ne se déroule pas au Sénat mais à l'Assemblée nationale, au début du mois de mars 2023. Cette fois, il s'agit de la chaîne parlementaire LCP, dont les locaux se trouvent au sein de la chambre basse. Le directeur adjoint de la rédaction du *Figaro*, Yves Thréard, consacre sur cette chaîne une série d'entretiens aux personnalités africaines, intitulée « Souvenirs et avenir d'Afrique ». Ces entretiens s'intéressent à « l'influence grandissante de l'Afrique dans tous ses aspects». Dans la liste initiale des treize noms soumis à la chaîne figurent des journalistes, un homme d'affaires, des historiens ou des écrivains. Mais un nom vient s'ajouter, celui de Kemi Seba. L'influenceur néo-panafricaniste fervent défenseur de la Russie finit par être lui aussi interviewé par Thréard, la chaîne profitant de sa présence en France pour animer un meeting à Bobigny le 11 mars afin de faire la promotion de son dernier livre. L'interview est effectuée quelques jours avant l'événement et Kemi Seba n'hésite pas à l'évoquer face à son public, parlant «d'un début de reconnaissance de notre combat». Elle doit être diffusée le lendemain, dimanche 12 mars.

Si cette interview a été acceptée par la direction de la chaîne, c'est uniquement à condition que l'agent d'influence soit questionné sur «ses liens avec la Russie, son rapport à la communauté juive et son positionnement face à Éric Zemmour», comme le rappelle un article de *Télérama* qui conte les coulisses de l'événement[1]. Mais ces sujets, parfaitement légitimes au regard du CV et des précédentes déclarations de l'invité, n'ont été que très peu évoqués par Yves Thréard. À décharge, face à un militant politique passé maître dans l'exercice de l'interview (ou du monologue), le format de trente minutes paraît bien court.

Quand l'interview finit par circuler, Beauvau prévient en catastrophe le cabinet de Yaël Braun-Pivet, présidente de l'Assemblée nationale. Le député de la majorité Thomas Gassilloud monte au créneau et rappelle à la chaîne que

1. Olivier Tesquet, «Affaire Kemi Seba sur LCP : les coulisses d'une interview qui ne passe pas», *Télérama*, 14 mars 2023.

Kemi Seba est fiché S. De fait, il ne devrait pas pouvoir être reçu au sein du Palais-Bourbon. C'est ce prétexte qui est utilisé par la chaîne pour déprogrammer l'interview en catastrophe. Malheureusement, LCP, à cause de ses procédures de mise en ligne automatiques sur les réseaux sociaux, a déjà publié l'interview et oublie de la supprimer de sa chaîne Dailymotion. Elle ne reste en ligne que quelques heures, mais c'est suffisant pour que les partisans de Kemi Seba l'enregistrent et la diffusent de leur côté.

Kemi Seba peut jubiler, la chaîne, avec ce retrait, lui offre la possibilité de jouer les martyrs. Il fanfaronne sur les réseaux sociaux et remercie les « censeurs » qui « prouvent qu'il dérange ».

Les politiques, cible de choix de l'influence

Que ce soit dans le cas du Sénat ou de l'Assemblée nationale, la Russie et ses affidés savent exploiter les failles du système. Dans le premier cas, en utilisant la légèreté d'un sénateur, dans le deuxième, en exploitant les droits d'accès à l'Assemblée conférés par une invitation de LCP.

La Russie n'est d'ailleurs pas la seule à cibler les institutions parlementaires. En discutant avec des députés et des sénateurs, on comprend que d'autres menaces se profilent, venues de Chine, du Bahreïn, du Qatar, de Corée du Nord, du Maroc… Des accusations toujours formulées entre deux portes, ou au détour d'un café, dans un endroit discret.

Il est cependant difficile, dans ce flot d'accusations, de séparer le bon grain de l'ivraie. La plupart ne sont que le fruit de rumeurs, quand ce ne sont pas les inimitiés entre des parlementaires de bords politiques opposés ou appartenant au même groupe qui s'expriment.

La plupart des accusations sont invérifiables, mais les institutions parlementaires sont depuis longtemps une cible de choix. Après tout, la cellule du KGB à Paris en 1961 se vantait déjà auprès de Moscou d'avoir influencé en un an trente-deux questions et déclarations parlementaires. Si les députés et les sénateurs sont les cibles des services de renseignements étrangers, c'est d'abord à cause de leur statut. Élus, ils pèsent sur la politique interne du pays, et bénéficient également d'un accès privilégié aux médias. Mieux, leur rang leur procure un degré de protection supplémentaire vis-à-vis des services de renseignement français, qui rechignent généralement à s'approcher de trop près des politiques, caractéristique du reste partagée par les avocats et les journalistes.

Utiliser des parlementaires comme porte-voix est donc un très bon calcul, d'autant que les mandats d'un parlementaire offrent de nombreuses possibilités. Entre les questions écrites, les questions au gouvernement, les groupes d'amitiés, on a l'embarras du choix pour mener des opérations d'influence. Il n'est d'ailleurs pas nécessaire de recruter un parlementaire. Le manipuler pour l'inciter à servir des intérêts particuliers est tout à fait possible. Parmi les autres leviers actionnables, on peut notamment citer l'argent, l'idéologie, la contrainte ou la vanité.

La commission d'enquête parlementaire sur l'ingérence étrangère

Lutter contre ces opérations d'influence relève du challenge pour l'institution qui, garante des libertés des élus, ne peut se permettre de surveiller les députés et les sénateurs. Cependant, ce sujet a fini par préoccuper les deux chambres.

C'est la commission d'enquête parlementaire sur l'ingérence étrangère – demandée par le RN et initialement pensée comme un moyen de blanchir le parti des accusations de collusion avec la Russie – qui a permis de porter la question des ingérences au cœur du débat public. Auparavant, seuls une poignée d'élus, notamment des députés européens, comme Nathalie Loiseau ou Raphaël Glucksmann, s'y intéressaient. En France, le sénateur Renaissance André Gattolin a livré un rapport, en 2021, sur les « influences étatiques extra-européennes dans le monde universitaire et académique français et leurs incidences ».

La commission avait officiellement pour but « d'établir s'il existe des réseaux d'influence étrangers qui corrompent des élus, responsables publics, dirigeants d'entreprises stratégiques ou relais médiatiques dans le but de diffuser de la propagande ou d'obtenir des décisions contraires à l'intérêt national ». Les débats ont tourné à la joute politique autour du Rassemblement national, mais ils ont également été l'occasion d'assister à des auditions particulièrement intéressantes : acteurs en charge de la lutte contre les ingérences, directeurs de services de renseignement ou, à l'autre bout du spectre, personnes « sur qui des soupçons se portent », selon une membre de la commission. On se souviendra notamment de l'audition de François Fillon. L'ancien Premier ministre de Sarkozy, interrogé par les députés sur le temps passé à siéger dans deux conseils d'administration d'entreprises du secteur pétrochimique et pétrolier russes, a alors déclaré : « À partir du moment où j'ai quitté la vie publique, je suis une personne privée et je mène ma carrière professionnelle comme je l'entends. Si j'ai envie de vendre des rillettes sur la place Rouge, je vendrai des rillettes sur la place Rouge. »

Finalement, par une habile manœuvre d'un ou d'une député(e) que l'on n'imagine pas être du Rassemblement national, le rapport préliminaire concluant la commission parlementaire a fuité dans la presse avant qu'il ne puisse passer entre les mains du parti de Marine Le Pen. Cette « ébauche » dresse le portrait d'un RN « aligné » sur le « discours russe ». Pour ce qui est de « laver l'honneur » du parti d'extrême droite, on repassera. Cette fuite a d'ailleurs occasionné la colère du président RN de la commission, Jean-Philippe Tanguy, qui a porté plainte contre la rapporteure du parti présidentiel, Constance Le Grip. Mauvais perdant.

Le sujet des ingérences étrangères ne s'est pas éteint avec cette commission. Le député du groupe Démocrate Laurent Esquenet-Goxes, pour continuer les travaux, a décidé de lancer une « mission flash » sur les ingérences dans les médias, qui devrait avoir lieu à la fin de l'année 2023. De son côté, la Délégation parlementaire au renseignement (DPR), une commission spéciale du Sénat et de l'Assemblée nationale créée en 2007 qui a pour but d'effectuer un – modeste – contrôle des services de renseignements français, devrait également continuer de creuser le sillon : son rapport annuel, qui n'est pas encore sorti à l'heure où ces lignes sont écrites, devrait être centré sur les ingérences étrangères.

17

Les bons tuyaux de la DGSI

La députée des Français de l'étranger Anne Genetet se souvient bien de son rendez-vous avec les officiers de la direction générale de la sécurité intérieure (DGSI) : « Ils sont venus me voir lors de mon dernier mandat pour me dire que j'avais été l'objet d'une tentative d'approche », rapporte-t-elle dans son petit bureau de la rue de l'Université. Sa circonscription couvrant une étendue territoriale particulièrement intéressante, composée de 49 pays dont la Chine et la Russie, la députée a dû être l'objet d'une attention particulière de la part de services de renseignement étrangers.

« Je n'ai jamais été invitée aux événements organisés par les ambassadeurs russes ou chinois, ils ont dû comprendre que ce n'était pas la peine avec moi », s'enorgueillit-elle. Cela n'a pas empêché les renseignements français de s'entretenir avec elle quelques heures pour la sensibiliser aux risques de « tamponnage ». Un rendez-vous qui n'a rien d'inhabituel : ces prises de contact sont devenues une habitude pour la DGSI.

Sensibiliser les élus

« Non seulement cela nous permet de sensibiliser les parlementaires ainsi que leurs collaborateurs sur le risque d'ingérence et d'influence, mais aussi de leur demander de nous remonter les informations si des tentatives d'approche ont lieu », souffle une source haut placée du service[1]. Mieux, « ces sensibilisations permettent aussi d'empêcher les parlementaires ou leurs collaborateurs de rétorquer qu'ils ne savaient pas », s'ils étaient accusés d'être sortis du droit chemin.

La question de la formation des élus a été longuement évoquée par l'actuel directeur de la DGSI, Nicolas Lerner, lors de son audition à l'Assemblée nationale, le 2 février 2023, devant la commission d'enquête sur les ingérences étrangères.

« En 2022, nous avons mené plus de 6 500 entretiens individuels, dans les domaines économique, universitaire, de la recherche mais aussi politique, explique alors Nicolas Lerner. Au début de l'année 2023, la DGSI a également pratiqué des opérations de sensibilisation des politiques après avoir détecté des contacts avec des officiers de renseignement russes sous couverture diplomatique. »

Les formations ne sont pas seulement individuelles. En 2022, le service de renseignement a procédé à 1 194 conférences de sensibilisation. « Nous sommes capables, par exemple, à la demande, de sensibiliser un auditoire sur les avantages et les opportunités, mais aussi les risques, de la

1. Entretien avec l'auteur, 6 juillet 2023.

coopération avec la Chine, sur les enjeux du cyber ou sur d'autres sujets. Nous nous adaptons aux préoccupations de nos interlocuteurs. Par ailleurs, la DGSI diffuse chaque mois un "flash ingérence" à vocation économique, qui énumère les pratiques constatées pour sensibiliser les chefs d'entreprise », précise le directeur.

Mais est-ce suffisant ? « Sans dire que tout va bien, depuis l'invasion de l'Ukraine par la Russie, il y a une vraie prise de conscience du risque que fait peser l'ingérence étrangère », souffle la source au sein du service. Sur les formations et les sensibilisations, le service intérieur est nettement « monté en puissance ». « Sans entrer dans les détails, deux grosses unités sont dédiées à ces missions, l'une étant plus centrée sur le monde de la recherche et les entreprises », détaille la DGSI. En province, ce sont principalement les services territoriaux qui sont chargés de ces formations, ponctuellement aidés par Paris.

Ce n'est que depuis le début de l'année 2023 que le service de renseignement intérieur communique ouvertement sur ces démarches de sensibilisation. « On va voir directement les maires, les conseils régionaux, en se présentant et en expliquant que l'on a besoin de s'entretenir avec eux », explique la source. L'objectif de cette nouvelle transparence est évident : dissuader ceux qui seraient tentés de se livrer à des actes d'ingérence ou d'espionnage.

Au programme de ces formations, il est question de la Russie, bien évidemment, mais la Chine occupe une part croissante des conversations. « Les interlocuteurs sont bien plus sensibilisés qu'ils ne l'étaient par le passé. Il est très rare aujourd'hui de parler à des gens qui tiennent des discours complaisants vis-à-vis de ce pays. Du coup, leurs questions sont plus précises et ils attendent de nous des conseils plus poussés sur telle personne, telle université. Ils nous demandent quel comportement adopter face à des situations précises », confie notre source.

« Fox Hunt »

Sans pouvoir quantifier l'ampleur du travail à accomplir, ou les moyens qu'il exige, il est évident que le besoin de formation est important. Au-delà des élus, les fonctionnaires représentent aussi une vulnérabilité sur laquelle des acteurs étrangers peuvent s'appuyer pour mener à bien des opérations d'influence.

Une affaire aussi éloquente qu'embarrassante illustre ce danger. Entre le printemps et l'été 2019, plusieurs rues des très chics Ve et VIIe arrondissements parisiens se sont retrouvées immobilisées pour le tournage d'un film à grand budget. Une production digne des films de Michael Bay, qui promet dans sa bande-annonce des courses-poursuites et des explosions en pagaille. Le scénario est celui d'un film d'action classique : un gentil flic chinois est envoyé à Paris pour débusquer une sorte de Madoff chinois, protégé par des policiers français ripoux. Le casting cinq étoiles comprend notamment Tony Leung (prix d'interprétation masculine à Cannes pour son rôle dans *In the Mood for Love*, du réalisateur hongkongais Wong Kar-wai), José Garcia et Olivier Rabourdin. Cerise sur le gâteau, la directrice de production n'est autre que Fanny Besson, sœur de Luc Besson.

Rien que de très banal, semble-t-il. Mais le titre du film, *Fox Hunt*, n'a pas été choisi au hasard : c'est le nom du programme de disparition forcée des opposants chinois exilés à l'étranger. Ce programme de barbouzerie et son jumeau, Skynet, ont permis à la Chine de traquer et d'enlever plus de 8 000 personnes à travers le monde pour les ramener au pays et les faire disparaître dans les geôles du régime. Une opération qui, au passage, a déjà fait au moins une victime en France.

Comment expliquer qu'un tel film de propagande ait pu décrocher les autorisations nécessaires à sa réalisation en France ? Au moment du tournage, le film portait le titre de travail *The Hunting*. Cela a été suffisant pour flouer les fonctionnaires de la mairie de Paris ou des préfectures, ainsi que le personnel d'Aéroports de Paris. Visiblement personne n'a eu la présence d'esprit de se renseigner sur un film pourtant financé par le Parti communiste chinois. Mieux, le film se paye même le luxe d'une recension sur un site web lié à la région Île-de-France. Enfin, selon le coproducteur du film, *Fox Hunt* a pu bénéficier du crédit d'impôt international grâce au Centre national du cinéma et de l'image animée (CNC). Un petit cadeau offert au PCC, qui a dû bien rire en recevant le chèque.

Cette œuvre n'est jamais sortie en salle, officiellement à cause de l'épidémie de Covid-19. Mais son existence même laisse penser que la DGSI a encore du pain sur la planche en matière de formation.

Nicolas Lerner, le patron de la DGSI, a également abordé à l'Assemblée nationale la nécessaire mise à jour du droit pour lutter contre les opérations d'influence : « Une réflexion mériterait probablement d'être engagée sur l'encadrement des actions d'ingérence conduites par des personnes physiques au bénéfice de puissances étrangères. [...] Lorsque l'on parle d'opérations d'influence étrangères, on pense aujourd'hui beaucoup à des opérations qui se reposent sur l'outil numérique, comme RRN. Mais depuis un certain temps, on observe aussi un retour de ce que l'on pourrait qualifier "d'influence à la papa". C'est-à-dire l'emploi de personnes physiques, de véritables agents d'influence pour porter les messages et l'agenda des puissances étrangères. »

Pour lutter contre ce phénomène, la DGSI louche sur des dispositifs en place de l'autre côté de l'Atlantique ou de la Manche. Aux États-Unis, c'est la loi pour l'enregistrement des agents étrangers (FARA) qui intéresse. Cette législation, qui date de 1938, exige que les agents représentant les intérêts de puissances étrangères fassent état publiquement des relations qui les lient à ces États, ainsi que des éventuelles rémunérations qu'ils en perçoivent. Cette législation est plus exigeante que celle de la Haute Autorité pour la transparence de la vie publique en France aujourd'hui, puisqu'elle intègre la notion d'allégeance à un État étranger. Au Royaume-Uni, le système d'enregistrement des influences étrangères (FIRS), sensiblement identique au FARA américain, a été adopté le 11 juillet 2023.

Du côté de la DGSI, on explique qu'il ne s'agit pas de « poursuivre tous ceux qui disent qu'ils aiment Poutine, que l'Ukraine appartient à la Russie éternelle ou que sais-je. Ceux-là font usage de leur liberté d'expression. Par contre, ceux qui vont dire la même chose en cachant les liens qu'ils peuvent avoir avec la Russie, qui peuvent être de différente nature, sans le déclarer, c'est ceux-là qui nous intéressent. Procéder à de telles manipulations n'est pas acceptable en démocratie ». Une nouvelle législation ou une adaptation de celle en vigueur serait un moyen de rendre la vie un peu plus dure à ces agents d'influence. « On l'a vu avec la Russie très directement, mais aussi avec un certain nombre de pays du Golfe, qui se sont fait la spécialité d'avoir des agents de relais, des personnes physiques pour porter leur message. Ce sont des journalistes, des politiques, des universitaires… Il faut que ces gens soient dans l'obligation de déclarer leurs liens, au risque d'essuyer des poursuites pénales », assume notre source.

Pour le service, ce combat doit être porté par le Parlement. Arriver brutalement à l'Assemblée avec une proposition de ce genre serait l'assurance de se faire renvoyer dans les cordes. La DGSI a quand même « bon espoir, au regard des différents travaux récents sur les ingérences menés par les deux chambres, que ce sujet finisse par arriver sur la table ». Cette discussion autour d'un FARA national ne se limite d'ailleurs pas à la France, puisque des discussions sont en cours au niveau européen.

Autre sujet sensible, le cas épineux des médias sous influence, ou créés à des fins d'influence. « On s'est fait des nœuds au cerveau pendant des années sur RT et Sputnik, que personne n'osait toucher au nom de la liberté de la presse. Il a fallu l'invasion de l'Ukraine par la Russie pour que l'on découvre un levier d'action par le biais des sanctions européennes », regrette la DGSI. Pour le service, « il faudrait maintenant se demander dans quelle mesure on pourrait faire la même chose hors situation de crise avec d'autres médias comme ceux des Iraniens ou des Chinois ». Ce chantier est particulièrement délicat : comment définir précisément ce qu'est un média, et ce qui n'en est pas un ? C'est l'assurance de s'engager sur une pente très glissante du point de vue politique.

Enfin, interrogé dans son audition à l'Assemblée nationale sur les partis politiques français potentiellement sous influence étrangère, Nicolas Lerner considère qu'aujourd'hui « aucun d'entre eux n'est à la main d'une puissance étrangère ». On imagine les soupirs de soulagement des élus Rassemblement national de la salle, dont le but était aussi de laver l'honneur du parti de Marine Le Pen accusé de collusion avec le Kremlin.

Toutefois, Nicolas Lerner précise que « les choses sont parfois différentes dans certaines situations individuelles ». Selon le directeur, « lorsque des élus se rendent dans le Donbass pour superviser des opérations électorales – ce qui est le cas depuis 2014, et non pas seulement depuis 2022 – et le font d'une manière pas toujours très assumée, il s'agit d'un niveau différent d'engagement ou d'adhésion à une idéologie politique». Le patron de la DGSI est on ne peut plus clair : «Accepter de servir de caution à un processus prétendument démocratique et transparent revient à franchir un cap en termes d'allégeance envers le pays concerné.»

Bien décidé à insister sur le cas de ces brebis galeuses, Nicolas Lerner enfonce le clou et rappelle que «plusieurs parlementaires et anciens parlementaires européens ont eu, ces derniers temps, de tels comportements, et quelques élus ont manifestement entretenu des rapports de nature clandestine avec des services de renseignement. Ces cas individuels sont peu nombreux, mais des activités de ce type peuvent nous amener à rencontrer la personne concernée, comme je l'ai fait durant les quatre dernières années, pour la placer devant ses responsabilités, ce qui est aussi une forme de mise en garde pour le cas où ces relations perdureraient. Enfin, il a pu arriver, très ponctuellement et dans des cas individuels, que nous suspections des liens d'allégeance financière. Les services spécialisés en sont alors saisis, car la DGSI n'a – logiquement – pas de compétence judiciaire en ce domaine, et je m'en satisfais d'ailleurs pleinement».

Avec cette tirade, le patron du service de renseignement intérieur entend sonner la fin de la récréation. A minima, il passe un message particulièrement explicite : «On vous voit.» Pas sûr néanmoins que cela décourage les plus fervents partisans de Vladimir Poutine de se mobiliser de nouveau quand Moscou aura besoin d'eux.

18

Dura lex

Derrière les lourdes portes du fort de l'Est à Saint-Denis, la Cour de sûreté de l'État juge, en ce mois de mai 1980, une de ses dernières affaires d'importance. Cette juridiction d'exception, créée en 1963, après des attentats de l'Organisation de l'armée secrète (OAS), disparaîtra l'année suivante, avec l'élection de François Mitterrand.

En attendant, c'est dans une salle d'audience austère que comparaît Pierre-Charles Pathé[1], arrêté alors qu'il transmettait des documents à un officier traitant du KGB, en 1979. Le procès, hautement politique, est scruté par les médias français, qui craignent qu'après Pathé la justice s'en prenne à d'autres journalistes.

Bien qu'on ait déjà parlé de Pathé au troisième chapitre par le prisme de son activité d'agent d'influence du KGB et du travail de renseignement qui a abouti à son arrestation, le tableau ne serait pas complet si on faisait l'économie de la judiciarisation de son cas.

1. Voir chapitre 3.

Intelligence avec une puissance étrangère

Contrairement à ce qui est généralement admis, Pierre-Charles Pathé n'a pas été condamné pour avoir été un agent d'influence. Il n'a pas été condamné pour ses écrits ou ses opinions, mais pour avoir remis en toute conscience des documents à un agent du KGB. Il a donc été condamné pour « intelligences avec une puissance étrangère ». Cette qualification, que l'on trouvait à l'article 80 de l'ancien Code pénal, disposait dans son troisième point que serait « puni de dix à vingt ans quiconque entretiendra avec les agents d'une puissance étrangère des intelligences de nature à nuire à la situation militaire ou diplomatique de la France ou à ses intérêts économiques essentiels ».

À la lecture de ce texte, une évidence saute aussitôt aux yeux : les mailles du filet sont extrêmement larges. D'abord parce que le terme « intelligences » n'est jamais proprement défini. À partir de quand passe-t-on d'une relation ordinaire à des « intelligences » ? Est-ce à la deuxième, troisième, vingtième rencontre ? Selon la nature des discussions ? De surcroît, le texte stipule que ces « intelligences » sont condamnées non pas s'il est avéré qu'elles nuisent à la situation militaire, diplomatique ou aux intérêts économiques essentiels de la France, mais si elles sont « de nature à » nuire.

Comment expliquer l'existence d'un texte aussi large dans l'ancien Code pénal ? Apparu pour la première fois sous le Premier Empire, en 1810, le texte a été modifié à plusieurs reprises, chaque fois à la faveur de contextes politiques troublés, comme le 30 juillet 1939, la veille du déclenchement de la Seconde Guerre mondiale, et le 8 juin 1960, en pleine guerre d'Algérie. On comprend un peu mieux la « largeur » du texte, qui visait à punir les espions et les traîtres.

À l'époque, les avocats de Pathé, Mes Georges-Antoine Chresteil, Bernard Cens et Sylvain Larose, ont bien essayé de dénoncer le « danger » que représentait l'article 80, « redoutable par sa généralité et son imprécision », selon Me Chresteil. L'avocat général du procès partage cette analyse, tandis que le magistrat Baechlin affirme que ce texte est certes « dangereux », mais aussi « précieux ».

La conviction des juges est emportée par l'exposé du commissaire divisionnaire de la DST, Raymond Nart. Cité par l'accusation, il insiste sur « l'importance grandissante parmi les méthodes des services secrets de la désinformation par le biais, notamment, des médias ». De son côté, le magistrat Baechlin, du haut de sa rigueur toute militaire, précise que le procès Pathé « ne sera[it] pas celui de la presse ». « Il ne s'agit pas de créer un nouveau maccarthysme, une nouvelle chasse aux sorcières », assurait le ministère public à l'époque. *Le Monde*, dans son compte rendu du procès, conclut en rappelant que « cette assurance ne vaut pas loi », signe de la défiance de la presse envers la juridiction.

Pathé écopera de cinq ans de réclusion criminelle. Dans son réquisitoire, l'avocat général note que « c'est la première fois qu'une juridiction d'un pays libre juge un agent d'influence ». Ce sera d'ailleurs la dernière, car même si d'autres procès ont eu lieu pour « intelligences avec une puissance étrangère », aucun ne ciblait un « agent d'influence » comme

Pathé. Quarante-trois ans plus tard, la chasse aux sorcières que craignaient la presse et les avocats de l'agent d'influence n'a jamais eu lieu.

Le 411-5

L'article 80 de l'ancien Code pénal a été abrogé avec l'entrée en vigueur du nouveau Code pénal, en 1994. On pourrait penser que son « successeur », le 411-5, adopté dans une période de paix, allait être un peu plus « raisonnable ». Mais ce n'est pas le cas.

L'article 411-5 ressemble comme deux gouttes d'eau à l'article 80 de l'ancien Code pénal : « Le fait d'entretenir des intelligences avec une puissance étrangère, avec une entreprise ou organisation étrangère ou sous contrôle étranger ou avec leurs agents, lorsqu'il est de nature à porter atteinte aux intérêts fondamentaux de la nation, est puni de dix ans d'emprisonnement et de 150 000 euros d'amende. »

Comme précédemment, les « intelligences » ne sont pas clairement définies, et l'article porte encore la mention « de nature à ». À charge aux juridictions et aux magistrats d'établir ces éléments en leur âme et conscience.

Malgré cette même largeur du texte, aucune condamnation de ce type n'a été prononcée depuis le procès Pathé, il y a quarante-trois ans. Pourtant, selon la DGSI, les agents d'influence qui se rendraient coupables d'« intelligences avec une puissance étrangère » ne manquent pas en France.

« Le texte a beau être large, l'infraction reste très difficile à caractériser pour ce qui relève des agents d'influence », explique un avocat expert des questions liées au renseignement. Un magistrat, qui préfère garder l'anonymat, ajoute que « ces textes sont largement méconnus d'abord parce qu'ils sont très rarement utilisés mais aussi parce qu'ils ne sont pas enseignés à l'École nationale de la magistrature ». Enfin, les magistrats sont rétifs à l'idée d'être à l'origine de la jurisprudence qui servirait d'appui à un éventuel parti extrémiste, s'il arrivait au pouvoir en France, pour mener des grandes purges idéologiques en prétextant des « intelligences avec des puissances étrangères ».

Comme le fils de l'industriel du cinéma lors de son procès, les agents d'influence d'aujourd'hui peuvent s'abriter derrière les principes de liberté d'expression et d'opinion. Cela ne manque d'ailleurs pas de sel. D'une main, ils essayent de miner les fondements de l'État de droit contre la rémunération d'un quelconque dictateur sanguinaire, et, de l'autre, ils sont les premiers à venir se réfugier derrière ce même État de droit si quelqu'un vient leur demander des comptes sur leur activité.

En fait, c'est là que réside toute la différence entre un « idiot utile » et un « agent d'influence ». Les seconds adorent faire croire qu'ils font partie des premiers pour éviter une condamnation pénale. Il n'est pas étonnant que la DGSI milite pour l'établissement d'un FARA national, qui serait un moyen de judiciariser quelques cas et de forcer les agents d'influence à sortir du bois pour assumer leur statut.

La justice est-elle démunie face aux agents d'influence qui ne sont pas pris en flagrant délit ? Pas vraiment. « Al Capone n'est pas tombé pour ses activités mafieuses, il est tombé pour fraude fiscale », rappelle le représentant d'une ONG de lutte contre la désinformation. « Il peut tout à fait arriver que les poursuites s'orientent vers le volet financier, quand la justice s'intéresse aux cas d'ingérences », souffle un magistrat. Dans ce cas, le Parquet national financier (PNF) peut être amené à instruire des faits d'ingérence.

C'est dans l'énorme bâtiment du tribunal, haut de 38 étages, dans le XVIIe arrondissement de Paris, que le parquet spécialisé a pris ses quartiers. Pour s'y rendre, il faut d'abord dépasser l'agitation qui règne au rez-de-chaussée, cruel rappel du manque de moyens de la justice en France. Passé les avocats qui courent en tous sens et quelques contrôles de sécurité, on arrive dans un ascenseur qui mène droit vers les hauteurs, d'habitude interdites d'accès. Quand elles finissent par s'ouvrir, les portes de l'ascenseur laissent entrevoir un autre monde, en complet décalage avec l'agitation du rez-de-chaussée.

Depuis le calme des hauteurs, on peut contempler Paris. Au loin, les répétitions du défilé du 14 juillet laissent entrevoir un début de ballet aérien. « Les mauvaises langues disent aussi qu'ici on peut garder un œil sur nos clients préférés », s'amuse un magistrat dont le regard porte vers le quartier de la Défense.

« Les cas d'ingérence ne sont qu'une partie résiduelle des affaires qui nous occupent. On peut quand même être amenés à les traiter indirectement par le biais des atteintes à la probité, comme la corruption ou le trafic d'influence », explique un parquetier. Ici, sur 740 procédures en cours, seules huit sont aujourd'hui susceptibles de recouvrir des faits d'ingérence. On murmure que ces affaires impliqueraient d'anciens pays du bloc de l'Est, des États du Moyen-Orient et, évidemment, la Russie. Le seul cas connu concernant la Russie a été révélé par Mediapart : l'ancien président Nicolas Sarkozy est visé par une enquête pour « trafic d'influence » pour ses activités de conseil vis-à-vis de la société d'assurances russe Reso-Garantia. Un conseiller spécial négocié à prix d'or puisque la justice anticorruption enquête sur un contrat de 3 millions d'euros, qui lie l'ancien chef de l'État à la société russe.

Le parquet spécialisé a compétence pour agir lorsque « des financements sont faits par des pays étrangers à destination d'officiels français, qu'ils soient des agents publics ou des élus », afin qu'ils viennent « prendre des positions voire accorder des décisions favorables » à leurs clients. Ces exemples peuvent parfaitement tomber sous le coup de la corruption et du trafic d'influence. Cependant, le PNF le reconnaît, « la délimitation entre ce qui est autorisé ou pas est loin d'être claire ».

Un autre cas de figure encore plus indirect pourrait se produire. Lorsque ces financements passent par des circuits occultes, le PNF « va être sur du blanchiment ou du blanchiment de fraude fiscale si les revenus qui proviennent de la puissance étrangère n'ont pas été déclarés ». Un cas qui permet aussi d'éviter de s'interroger sur la légitimité des rémunérations.

La question qui se pose souvent, en revanche, est celle du lien entre une action d'influence et « une forme de financement qui ne sera jamais direct ». Évidemment, les États ne rémunèrent jamais directement ceux qui acceptent de faire le sale boulot. « Les paiements arrivent sous forme détournée : financement d'une "association à visée d'amitié" ou "de dialogue", dédommagements pour la participation à un événement ou une réflexion stratégique… » Ils ne proviennent pas non plus directement des États, mais passent « par des entreprises ou des structures parapubliques étrangères ».

C'est au PNF de prouver le lien entre un compte bancaire crédité et un discours enthousiaste, tâche d'autant plus difficile que « les États rémunèrent généralement des gens qui avaient déjà des positions favorables envers eux par le passé ». Caractériser l'infraction relève donc souvent du casse-tête : l'agent d'influence peut faire valoir qu'il n'a jamais changé de position et ne fait qu'exercer sa liberté d'expression.

Mais encore plus que la caractérisation, c'est la détection qui est difficile pour le PNF. « Nous avons des moyens d'enquête, des outils qui nous permettent de travailler. Là où l'on a le plus de difficultés, c'est sur la détection des cas potentiels. Nous nous basons évidemment sur ce que peuvent fournir des services de renseignement comme Tracfin, mais nous sommes un parquet pragmatique. Nous n'hésitons pas non plus à ouvrir des enquêtes sur la base d'articles de presse », explique le parquet spécialisé.

S'ils n'osent pas se plaindre de leur position et de leurs conditions de travail privilégiées, les membres du PNF disposent de moyens assez faibles. Le service est modeste : 18 magistrats, 6 assistants spécialisés, 13 fonctionnaires de greffe, un juriste assistant et deux adjoints techniques. Une aberration au regard de sa rentabilité, car entre sa création, en décembre 2013, et la fin 2022, l'institution a permis de remplir les caisses du Trésor public à hauteur de 11,861 milliards d'euros.

Les agents d'influence peuvent-ils dormir tranquilles ? Certains interlocuteurs évoquent une nécessaire adaptation du droit, quand d'autres assurent que les moyens actuels sont suffisants. Qui a raison ? Il serait bien présomptueux de prendre parti dans ce débat. Mais en quittant les discrets et paisibles locaux du PNF et en retrouvant l'ambiance frénétique du rez-de-chaussée, on comprend que la lutte contre les agents d'influence et les opérations de manipulation de l'information montées par des États comme la Russie ne pourra se faire sans un renforcement global des moyens de la justice française.

19

L'enfer est pavé de bonnes intentions

Il faut l'avouer, le nom pouvait paraître séduisant aux yeux des journalistes : l'European Media Freedom Act (EMFA), ou « Acte européen pour la liberté des médias » – présenté en septembre 2022 par Vera Jourova, vice-présidente de la Commission européenne, et Thierry Breton, le commissaire au Marché intérieur –, avait de quoi séduire sur le papier. Il entend renforcer l'indépendance des rédactions, lutter contre la concentration des médias dans les mains de quelques milliardaires ou s'opposer à l'utilisation de logiciels espions visant les journalistes et les organes de presse. Dernier-né d'une série de textes européens qui s'intéressent aux médias, l'EMFA se distingue, selon le site touteleurope.ue, par « sa prise en compte de leur rôle capital pour assurer une sphère citoyenne saine et garantir les libertés économiques et les droits fondamentaux ».

On ne surveille pas les médias, sauf…

Pourtant, fin juin 2023, une soixantaine d'organisations européennes de journalistes ont tiré la sonnette d'alarme, inquiets de l'orientation que prenait le texte lors d'un dernier tour de négociations.

L'évolution de l'article 4 suscite notamment un certain nombre de questionnements. Cet article – qui prévoit que les États s'engagent à ne pas surveiller les médias, les journalistes ou leurs proches dans le but de découvrir leurs sources – est pensé pour la lutte contre l'utilisation de logiciels espions comme celui de la firme israélienne NSO Group, qui a infecté les téléphones de journalistes dans différents pays européens, mettant en danger leurs sources. Cependant, lors des négociations, les États membres – et particulièrement la France – ont souhaité intégrer une exception à l'interdiction d'emploi de ce type de logiciels, au nom de la « sécurité nationale ». Mais selon les organisations de journalistes, cette exception permettrait aux États d'espionner légalement les médias. L'arbitrage est désormais entre les mains du Parlement européen.

On ne modère pas les médias, sauf…

Si la modification de l'article 4 a fait couler beaucoup d'encre, ce n'est pas le cas de l'article 17, pourtant lui aussi particulièrement problématique.

Cet article entend octroyer un statut particulier aux médias face aux politiques de modération sur les réseaux sociaux. La démarche paraît vertueuse : il s'agit de préserver la liberté des médias, en s'assurant qu'ils ne soient pas soumis aux décisions arbitraires des plateformes. Certes, jamais Facebook n'a tenté de censurer arbitrairement un média reconnu, mais la question pourrait se poser aujourd'hui avec le nouveau propriétaire de X (anciennement Twitter), Elon Musk. Elle se pose également pour d'autres réseaux sociaux, comme TikTok, dont les politiques de modération et les liens avec le Parti communiste chinois sont régulièrement pointés du doigt. Face à ce type d'acteurs, le législateur européen pourrait en effet penser qu'il vaut mieux prévenir que guérir.

Très concrètement, selon l'article 17, à l'heure où ces lignes sont écrites, les plateformes seraient tenues d'envoyer une notification aux médias dès qu'ils sont visés par une action de modération de leurs contenus. Le média aurait alors vingt-quatre heures pour faire appel de la décision, avant que le contenu ne soit supprimé.

Le premier problème, évident, est que les plateformes sont aujourd'hui essentiellement modérées par des algorithmes. Or, pour être appliqué, l'article 17 suppose un esprit humain capable d'évaluer la validité du recours, ce qui implique des dizaines, voire des centaines de milliers d'employés supplémentaires à travers le monde. Ainsi, paradoxalement, l'article 17 se transformerait, de fait, en une exemption de modération pour les médias, les réseaux sociaux ne pouvant se plier à de tels processus.

En tant que journaliste, on aimerait se réjouir d'un tel texte de loi, largement poussé par le lobby des médias à Bruxelles, Axel Springer en tête. Mais dans les faits, il serait désastreux s'il était adopté tel quel. D'une part, comme n'importe qui peut se déclarer en tant que média sur les réseaux sociaux, tout le monde serait protégé, y compris ceux qui mènent des mesures actives sur les réseaux sociaux. D'autre part, l'article 17 sanctuariserait la désinformation russe et les opérations d'influence étrangères pendant au moins vingt-quatre heures, les plateformes étant obligées de laisser passer ce délai avant d'agir. Imagine-t-on interdire à un pompier d'agir face à un incendie pendant une journée entière, avant de l'autoriser à sortir la lance à incendie ? C'est absurde. Et encore, c'est là le scénario optimiste. Si l'article 17 se transformait en une exemption de modération pour les « médias », cela reviendrait littéralement à supprimer la profession de pompier.

Adopté en l'état, l'article 17 représenterait une régression majeure dans la lutte contre la désinformation et les opérations d'influence. Il saperait tous les efforts déployés depuis une dizaine d'années par les ONG, les chercheurs, les lanceurs d'alerte et le législateur européen lui-même. Ironiquement, cet article ferait le bonheur des plateformes, qui ne demandent rien de mieux que d'investir le moins possible dans les politiques de modération.

L'article 17 a pourtant de nombreux soutiens : le lobby des médias à Bruxelles, mais également plusieurs États, dont la France, par le biais du ministère de la Culture, aujourd'hui chargé du dossier EMFA, et réputé particulièrement attentif au lobby des médias. Contactée à de très nombreuses reprises, la Rue de Valois a refusé toute demande d'interview à ce sujet ; seule une attachée de presse a proposé que soient posées des questions « par écrit », avant de ne plus jamais donner de nouvelles. Dans le cadre de ce livre, il aura été plus simple d'entrer en contact et d'obtenir des réponses de divers services de renseignement que de la part du ministère de la Culture français, pourtant invité à commenter un texte dont le titre évoque directement la « liberté des médias ».

Mobilisation contre l'article 17

Face au législateur européen, plusieurs organisations sont vent debout contre l'article 17, comme le collectif citoyen #Jesuislà. Dans une lettre ouverte à la ministre de la Culture Rima Abdul Malak, publiée sur le site Conspiracy Watch, le collectif demande à la ministre « de défendre le rejet de l'exemption pour les médias ». « Nous n'avons pas eu de réponse », confie Xavier Brandao, représentant du collectif. La lettre ouverte est donc restée lettre morte.

Dans une autre tribune, publiée sur le site d'information Euractiv, c'est Diana Wallis, ancienne députée européenne et membre du conseil d'administration de l'ONG EU DisinfoLab, qui prend la parole contre l'article 17. « Si un média autoproclamé écrit que "Le Parlement européen s'associe à Bill Gates et George Soros pour insérer des puces de surveillance 5G dans les vaccins", et que cet article est publié sur Twitter ou Facebook, par exemple, les plateformes devront d'abord contacter le média. Elles attendront ensuite vingt-quatre ou quarante-huit heures avant d'ajouter éventuellement une vérification des faits, ou de ne pas pouvoir le faire du tout », essaye d'expliquer l'ancienne eurodéputée, qui prêche dans le désert. « Pourquoi l'UE encouragerait-elle alors une polarisation et une désinformation accrues en empêchant la modération des contenus ? » s'interroge Diana Wallis.

Un autre cri d'alerte, cette fois publié dans le prestigieux *Financial Times* au mois de mai, est signé Anika Collier Navaroli, ancienne modératrice de contenus chez Twitter. Elle prévient à son tour que si « l'exemption média est adoptée, les modérateurs de contenus comme moi auront également les mains liées par la loi ». Elle se souvient qu'au début de l'invasion de l'Ukraine, alors qu'elle travaillait pour la plateforme Twitch, la chaîne de propagande russe RT avait ouvert un compte sur le réseau social. Après de brèves discussions, « le compte a été rapidement interdit ». Mais, « avec l'EMFA, les entreprises n'auront plus cette liberté. Les organes de désinformation qui prétendent être des “médias” légitimes seront exemptés de toute action rapide et leur propagande sera amplifiée ».

Autant d'avertissements qui ne sont manifestement pas remontés jusqu'au ministère de la Culture – qui, mi-août, supporte encore l'adoption de l'exemption média dans le futur texte européen.

« C'est toute l'hypocrisie de la machine européenne et des politiciens de Bruxelles. Ils adorent se plaindre des plateformes qui n'en feraient pas assez pour lutter contre la désinformation et se font passer à moindres frais pour des parangons de vertu tout en étant capables de soutenir des textes aussi absurdes que celui-ci », souffle un employé haut placé d'une grande entreprise du numérique qui préfère garder l'anonymat. Une analyse que rejoint un directeur d'ONG, qui pointe : « Des entreprises comme Meta sont de plus en plus actives sur le sujet de la lutte contre la désinformation. On a l'impression qu'ils progressent plus vite que les huiles à Bruxelles, avec qui il faut batailler pendant des années pour arriver à leur faire admettre des choses qui relèvent pourtant du bon sens ».

« La situation est d'autant plus embarrassante que la France n'a pas toujours eu cette position concernant l'exemption média », rappelle un eurodéputé du groupe Renew (majorité présidentielle). C'est peut-être le plus absurde : le débat autour de l'exemption média a déjà eu lieu lors des négociations sur le dernier texte visant à mieux encadrer les activités des grandes entreprises du numérique, le Digital Services Act (DSA).

À l'époque, le même lobby des médias, dirigé par les organisations EMMA et ENPA (les « publishers » qui représentent journaux et magazines), avait essayé de faire passer cette même exemption (qui se situait d'ailleurs aussi à l'article 17 du DSA). Malgré leur lobbying intensif, ils n'avaient pas réussi à emporter la conviction du ministère de la Transition numérique, qui avait compris le danger que pouvait représenter un tel passe-droit.

Avec l'Acte européen pour la liberté des médias, le ministère de la Culture ne semble pas encore avoir fait le même cheminement intellectuel que Bercy. Malgré tous les efforts déployés par l'État français pour lutter contre la désinformation et les opérations d'influence étrangères, le pire ennemi de la France semble être… elle-même.

CONCLUSION

Si vis pacem…

Faites sonner le tocsin, l'intelligence artificielle est à nos portes. L'apparition du logiciel Midjourney, qui permet de générer artificiellement toutes les images possibles et imaginables, a fait souffler un léger vent de panique dans la presse mondiale. La popularisation de ces outils a été particulièrement visible ces derniers mois. En France, la circulation sur les réseaux sociaux de la fausse photo du pape François vêtu d'une doudoune a engendré une avalanche d'articles prédisant l'apocalypse informationnelle.

Dorénavant, en seulement quelques clics et pour une poignée d'euros par mois, il est possible de créer de fausses images, de fausses vidéos, ou de dupliquer la voix d'une quelconque célébrité. Un bond en avant significatif d'un point de vue technique, quand on considère qu'il y a seulement quelques années il fallait des compétences pointues et des semaines pour créer un seul de ces *deepfakes*.

Mais cette apocalypse qu'on nous promet a un goût de déjà-vu. En 2017 déjà, les premiers *deepfakes* avaient généré des réactions anxieuses de la part de certains médias. Et déjà, la création du logiciel de montage Photoshop avait, lui aussi, en son temps, inquiété sur le brouillage de la frontière entre le vrai et le faux.

Pourtant, cette « fin des temps » informationnelle n'a pas eu lieu. On peut alors raisonnablement s'interroger sur la validité de l'apocalypse à venir. Le web sera-t-il bientôt envahi de tellement de faux que les faits réels y seront noyés ? Nos démocraties, notre système de l'information, et la (médiocre) confiance que les citoyens accordent aux institutions sont-ils réellement menacés ? Rien n'est moins sûr.

Ce qui est certain, en revanche, c'est que ces nouvelles technologies représentent une opportunité inouïe pour ceux qui ont un intérêt à manipuler le réel. Chat GPT, l'outil conversationnel dopé à l'intelligence artificielle de l'entreprise OpenIA, peut produire des centaines de narratifs de désinformation par jour – des récits qui n'ont pas besoin d'être intelligents ni bien ficelés pour être partagés en masse.

Le renseignement militaire russe n'a même plus besoin de créer des milliers de sites web à la main pour abriter toutes ces fausses histoires : Chat GPT-4 peut maintenant le faire à sa place. Ces intelligences artificielles conversationnelles constituent peut-être la cinquième génération de mesures actives sur la liste de Thomas Rid[1]. Une cinquième génération marquée par l'utilisation de l'intelligence artificielle qui permet d'industrialiser encore plus la création de fausses informations et de faire encore baisser les coûts de production. Iouri Andropov, de là où il est, doit bien rire.

1. Voir chapitre 2.

Ce que l'on mesure toujours mal, en revanche, c'est la manière dont ces intelligences artificielles vont potentiellement bouleverser notre manière de chercher l'information en ligne. Sur le long terme, passer d'un modèle de recherche par mot-clé à un modèle conversationnel promet l'émergence d'un nouveau front de la guerre informationnelle.

Alors, faut-il sombrer dans le nihilisme et jouer les Nostradamus en prédisant une apocalypse imminente ? Certainement pas. Internet ne sera pas noyé sous les *deepfakes* du jour au lendemain. Ces derniers arriveront progressivement et entraîneront, par effet de levier, une augmentation de la vigilance des internautes. Et au rythme où va l'information, un *deepfake* en chassera un autre sans que cela ne soulève un quelconque émoi.

Le risque est au contraire de s'enfermer dans un débat purement technique et législatif, qui consisterait à dire que face à une nouvelle menace, il faut développer de nouveaux outils et mettre à jour le droit. Cette course à l'échalote reviendrait à traiter les conséquences plutôt que la racine du problème.

Dans le fond, les outils d'intelligence artificielle ne changent pas grand-chose. Le pouvoir russe n'a pas attendu que l'IA génère des textes à réciter pour mentir sur l'assassinat d'opposants ou la manipulation d'élections. En ligne, les fausses informations circulent déjà plus vite que les vraies, et il faut toujours plus d'efforts pour dénoncer une forfaiture que pour la fabriquer.

Il est plus difficile de croire en l'existence d'une photo montrant Emmanuel Macron qui s'improvise dresseur de lions dans un cirque grimé en Monsieur Loyal qu'une image de manifestant éborgné dans les rues de Paris. Le deuxième cas est plus crédible à cause de l'existence d'un lourd passif de mutilations de manifestants. Le *deepfake* qui fonctionne, c'est celui qui s'appuie sur un contexte qui le rendra crédible.

Au lieu de se faire peur et d'essayer vainement de lutter contre le faux, il faudrait donc s'atteler à un combat bien plus difficile : la réhabilitation du réel. Le meilleur moyen de s'assurer qu'une désinformation n'ait pas prise dans l'opinion publique ne consiste pas en une solution technologique mais nécessite plutôt de retisser le lien de confiance entre les citoyens et l'État ou les médias. Comme on ne construit pas une maison sur du sable, aucune politique publique de lutte contre les manipulations de l'information venues de l'étranger ne pourra se faire dans un contexte de défiance généralisé. Intelligence artificielle ou pas.

Cette confiance retrouvée compliquerait singulièrement la tâche des sbires du Kremlin, mais aussi celle de tous les autres pays aspirant à saper les fondements de l'État de droit et des démocraties libérales. Car Moscou est loin d'être le seul acteur à vouloir imposer sa vision du réel. Un membre d'un service de renseignement confie : « Il a fallu des années pour que les autorités ouvrent les yeux sur la Russie, mais ce travail n'a toujours pas été fait sur la Chine. Dans quelques années, nous aurons de nouveau cette conversation, cette fois sur la naïveté française à l'égard de Pékin. »

Il faut espérer que, d'ici là, les failles de la réponse française auront été colmatées, car les moyens humains et financiers de la Chine sont sans commune mesure avec ceux de Moscou.

Pour essayer d'être un peu positif, je repense à ces quelques interlocuteurs qui ont fait la même blague quand je leur expliquais que *Allô, Paris ? Ici Moscou* allait se composer de deux parties et que la deuxième allait être consacrée à ce que faisait la France pour contrer l'influence russe. « Cette partie promet d'être bien plus courte que la première ! » s'amusaient-ils.

Arrivé au terme de l'ouvrage, il est bon de voir que leurs taquineries n'étaient pas fondées. Le fait que des services de renseignement ou des ministères aient jugé utile d'ouvrir leurs portes, d'habitude closes, pour expliquer leur action, laisse penser que la *whole-of-society approach* n'est pas seulement un rêve caressé par quelques utopistes. Même si le chemin pour y parvenir est encore long.

Oui, il reste des montagnes à gravir. Et il faudra veiller à ce que chaque pas en avant ne se fasse pas au détriment de l'État de droit ou des valeurs qu'entend porter Paris sur la scène internationale. Si les bonnes intentions sont nombreuses, il faut garder à l'esprit que les lignes rouges ont déjà été franchies par ceux qui jurent aujourd'hui de leur exemplarité.

En essayant de prendre un peu de hauteur sur la situation et en regardant les menaces à l'horizon, on peine à trouver des raisons d'être optimiste. Mais gardons en tête cette phrase de Gandalf le magicien dans le premier volet de la saga du *Hobbit* de Peter Jackson inspirée de l'œuvre de Tolkien. Le magicien, à la tête d'une compagnie de nains en expédition pour reconquérir la Montagne Solitaire gardée par le terrible dragon Smaug, marque un arrêt dans la cité elfique de Foncombe. Sur place, l'elfe Galadriel interroge

Gandalf sur la raison de la présence du semi-homme Bilbon Sacquet qui dénote dans cette drôle de troupe. Après avoir marqué un temps de réflexion, le magicien répond : « Saroumane pense que seul un grand pouvoir peut tenir le mal en échec, mais ça n'est pas ce que j'ai découvert. Je crois que ce sont les petites choses, les gestes quotidiens des gens ordinaires qui nous préservent du mal. »

Gandalf avait raison. Dans un monde où l'information est devenue une arme, bien plus que les solutions technologiques, et tout autant que les grandes politiques publiques de lutte contre la désinformation, ce sont les petites actions, les gestes quotidiens de tous ceux qui exercent leur esprit critique qui permettent de tenir Moscou en échec.

Remerciements

Merci à toutes les personnes qui, grâce à leur aide, ont permis à ce livre d'exister.

À ma famille d'abord, sans qui je ne serais pas là aujourd'hui. J'ai une pensée particulière pour vous.

À Marine, qui a dû me supporter pendant tout le processus d'écriture et qui m'offre la chance de partager son quotidien avec moi.

À Jérémy, Mathieu et Guillaume. L'éloignement géographique n'entame en rien une amitié indéfectible. Même si Jérémy n'est toujours pas beau.

À Dorothée Cunéo, mon éditrice, qui a eu le courage de porter ce projet, et dont le soutien a été sans faille. Merci aux équipes de Denoël pour tout le travail accompli.

À mes chefs, qui ont l'audace de me faire travailler et de croire en mes sujets parfois ampoulés. Je remercie particulièrement Stéphane, Gérald, Thibaut, Sina et les rédactions de *Marianne* et Paradiso.

À mes compères du collectif LongShot, dont je salue le professionnalisme et la franche camaraderie.

À tous mes confrères et consœurs qui ont ouvert la voie. À ceux qui continueront de creuser.

À Marcel-Pierre Paquet, l'inventeur de la cafetière à piston.

Merci à tous ceux qui ont accepté d'ouvrir leur porte et de répondre à mes questions. Pour ceux qui ont refusé, vous aurez certainement une chance de vous rattraper bientôt.

Enfin, merci à vous, lecteurs et lectrices qui me faites l'honneur de me lire.

Vous pouvez me contacter directement à l'adresse :

nicolas.quenel@protonmail.com

Table

Composition : Utibi.
Achevé d'imprimer par Grafica Veneta S.p.A.
à Trebaseleghe (Pd), en octobre 2023.
Dépôt légal : novembre 2023.

ISBN 978-2-207-17889-8 / Imprimé en Italie.

613067